Louise L. Hay / Doreen Virtue

Lichtvolle Botschaften zur Advents- und Weihnachtszeit

Louise L. Hay
Doreen Virtue

Lichtvolle Botschaften zur Advents- und Weihnachtszeit

Aus dem Amerikanischen übersetzt von
Angelika Hansen, Karin Adrian,
Thomas Görden

Allegria

Inhalt

Vom Zauber der Weihnachtszeit

Dieses kleine Buch ist gefüllt mit positiven Geschichten, die Ihnen zeigen, dass sich Ihr Kraftpunkt sich immer in der Gegenwart befindet, weil Sie hier und jetzt die Saat für Ihre zukünftigen Erfahrungen säen. Jederzeit können Sie neue Gedanken und Ideen wählen, und Ihre Zukunft kann immer positiver, liebevoller und reicher sein als Ihre Gegenwart. Der Advent ist die Zeit für Wunschzettel. Schreiben Sie Ihren persönlichen Wunschzettel mit klaren, ganz spezifischen Wünschen und hängen Sie ihn da auf, wo Sie ihn gelegentlich sehen. Denken Sie nicht ständig daran, aber behalten Sie ihn im Bewusstsein.

Denken Sie darüber nach, wie Sie gerne leben und was Sie gerne erreichen möchten. Jeden Tag werden Ihnen Affirmationen, wie in den Geschichten dieses Büchleins beschrieben, dabei helfen, Ihr Denken in positive Bahnen zu lenken, damit Sie Ihre Ziele verwirklichen. Während Sie die Geschichten in diesem Buch lesen, werden Sie erleben, wie Sie neue geistige Gewohnheiten entwickeln, die Ihnen für das ganze Leben von Nutzen sein werden! Gute Gedanken und gute Wünsche sind wie Samen, dic man in die Erde setzt. Erst keimen sie, dann schlagen sie Wurzeln, und dann kommen sie ans Tageslicht und sprießen empor. Es braucht einige Zeit, bis aus einem Samenkorn eine ausgewachsene Pflanze geworden ist. Und so ist es auch mit Affirmationen – es vergeht einige Zeit vom ersten Aufsagen bis zur Manifestation dessen, was Sie sich wünschen. Haben Sie Geduld.

Louise L. Hay

Ihre Schutzengel sind immer bei Ihnen, selbst wenn Sie sich ihrer Gegenwart nicht bewusst sind. Aber vielleicht fällt es uns in der Adventszeit leichter, an sie zu denken. Wir sind dann offener für den himmlischen Beistand, weil wir uns wieder daran erinnern, dass alles ein Geschenk Gottes ist. Die Engel wollen uns bei jedem Aspekt unseres Lebens helfen. Da Sie jedoch einen freien Willen haben, können Ihnen die Engel nur helfen, wenn Sie sie um ihren Beistand bitten. Engel sind mächtige und liebevolle göttliche Boten, die ungehindert von Zeit und Raum agieren und Ihnen auf diese Weise ununterbrochen bei allen kleinen, mittleren und großen Angelegenheiten zur Seite stehen können.

Jetzt ist eine gute Zeit, sich daran zu erinnern, dass wir als Kinder Gottes spirituelle Geschenke von unserem Schöpfer mitbekommen, die immer und jederzeit hervorragend wirken. Da unsere Macht eine Erweiterung der Macht Gottes ist, wird es nie eine Zeit geben, wo sie blockiert oder verringert wird – sie strahlt immer in ihrer ganzen, unverminderten Intensität, bereit, genutzt zu werden.

Unsere Willenskraft setzt unsere Gedanken, Gefühle und Wünsche in die Tat um. Da diese Kraft wie ein Laserstrahl wirkt, müssen wir achtsam sein, worauf wir sie richten. Wir sind bei allem, was wir mit unserem gottgegebenen Talent vollbringen, vom

Himmel geführt. Benutzen wir es in diesen Tagen, um liebevollen Gedanken und Gefühle zu verstärken. An einem einzigen besinnlichen Adventstag können wir so die Menge an Liebe, die wir erfahren, um ein Vielfaches vergrößern. Unsere himmlische Kraft kann alles für uns zum Besseren wenden, daher erlauben Sie ihr, sich nun auf liebevolle Weise zu äußern.

Doreen Virtue

Louise L. Hay

Der richtige Tipp

Eine der schönsten Geschichten, wie eine einfache Gedankenaffirmation ein ganzes Leben zum Erblühen bringt, schrieb mir Andrea aus New York. Sie fand plötzlich den Ansatz, ihr Leben zu verändern, als ein Mann in einem Café ihr einen Tipp gab. Manchmal ist alles, was man braucht, die richtige Anregung im richtigen Augenblick. So wie Andrea es erzählt:

MIT 28 JAHREN ging ich einer wunderbaren Arbeit nach und fühlte mich wie auf Wolke sieben. Dann wurde bei mir eine Schilddrüsenüberfunktion diagnostiziert. Die Ärzte rieten zu einer Behandlung mit radioaktivem Jod und Synthroid. Stattdessen stellte ich radikal meine Ernährung und meinen Lebensstil um, wodurch es mir gelang, meine Schilddrüse auf natürliche Weise zu heilen.

Bald nach meiner Heilung begann ich, mich nach der Arbeit leer und unerfüllt zu fühlen. Eine leise Stimme in mir sagte, dass ich lehren sollte, was ich selbst gelernt hatte, um auf diese Weise anderen Menschen zu helfen. Mein Wunsch, eine solche Lehrtätigkeit auszuüben, war stark, aber ich fürchtete mich davor, die Sicherheit meines bisherigen Jobs aufzugeben. Meine Ängste lähmten mich: *Wie soll ich ein eigenes Geschäft gründen? Wie soll ich mich selbst promoten und vermarkten? Wovon werde ich dann meine Miete bezahlen? Ich komme doch schon jetzt nur gerade eben mit meinem Gehalt zurecht.*

Eines Tages saß ich in einem Café und hing wieder einmal diesen negativen Gedanken nach. Ein Mann fragte, ob er sich zu mir an den Tisch setzen dürfe. Da keine anderen Stühle mehr frei waren, sagte ich Ja. Offenbar bemerkte er, wie frustriert ich war, und erkundigte sich freundlich, was mir zu schaffen machte. Ich erzählte ihm, dass ich meinen Job kündigen und ein eigenes Geschäft gründen wollte, aber Angst vor diesem Schritt hatte. Er erzählte mir von einer Frau namens Louise L. Hay und schrieb mir den folgenden Satz auf: *Ich bin im Universum stets sicher und geborgen, und das Leben liebt und unterstützt mich.* Dann empfahl er mir, jeden negativen Gedanken, der mir in den Sinn kam, durch einen positiven zu ersetzen.

Während der nächsten drei Monate hielten sich die negativen Gedanken hartnäckig und prasselten aus meinem Inneren und von außen auf mich ein. Freunde und Verwandte meinten es gut, doch ihre Ängste und Warnungen bezüglich meines Vorhabens trugen nur dazu bei, meine eigenen Zweifel zu verstärken. Ich kämpfte darum, mein Denken zu verbessern, so wie ich zuvor um die Verbesserung meines Gesundheitszustands gekämpft hatte. Ich las Louises Bücher und wiederholte ständig die Affirmation, die der Mann mir aufgeschrieben hatte.

Während ich von der Arbeit nach Hause ging und still mein Mantra wiederholte, durchfuhr mich ein heftiger Stoß – ich war nicht von einem Taxi angefahren worden, sondern ein plötzlicher Stoß der Erkenntnis hatte mich getroffen: Ich war *wirk-*

lich im Universum sicher und geborgen, und das Leben liebte und unterstützte mich *tatsächlich*! Ich war so ergriffen, dass ich stehen blieb und meine Affirmation laut herausschrie. Die Leute in meiner Nähe gingen rasch weiter, da ich wahrscheinlich aussah und mich anhörte, als hätte ich den Verstand verloren. In Wahrheit hatte ich ihn in diesem Moment gefunden.

Am nächsten Tag kündigte ich. Seitdem verläuft mein Leben einfach nur staunenswert: Ich habe zwei erfolgreiche Bücher geschrieben und arbeite gerade an meinem dritten. Ich bin im Fernseh-Kochwettbewerb *Top Chef* aufgetreten, arbeite als Ernährungsexpertin für einen lokalen Fernsehsender und moderiere eine Kochsendung, in der es um gesunde Ernährung bei bestimmten Krankheiten geht. Bei mehreren Veranstaltungen unterrichte ich jährlich 2000 Schüler. Und, was das Beste ist: Ich bin im Universum stets sicher und geborgen, und das Leben liebt und unterstützt mich.

Doreen Virtue

Erzengel Michael

Michaels Führung schützt uns oft vor Gefahren, aber seine hörbaren Botschaften vermitteln auch genau dann Hoffnung und Zuversicht, wenn wir sie am meisten brauchen. John Roches Botschaft von Michael half ihm, während einer schweren Erkrankung nicht aufzugeben. Das tröstliche Wissen, dass der Erzengel bei ihm war, trug möglicherweise zu seiner schnellen Genesung bei. John erinnert sich:

ALS ICH KLEIN WAR, lehrten meine Eltern mich, Erzengel Michael herbeizurufen – etwas, das mir bis ins Erwachsenenalter eine liebe Gewohnheit blieb. Im Alter von 18 Jahren erkrankte ich an Krebs. Ich ließ mich nicht sofort untersuchen; und als ich schließlich zum Arzt ging, stellte er fest, dass der Krebs sich ausgebreitet hatte.

Im Laufe der nächsten drei Jahre unterzog ich mich mehrmals einer hoch dosierten Chemotherapie, wobei der Krebs einmal zurückging und zweimal wiederkam. Die Chemo (wie jeder, der sie einmal erlebt hat, Ihnen bestimmt sagen wird) war sehr schwächend und extrem unangenehm. Als der Krebs zum dritten Mal wiederkam, sagte mir mein Arzt, dass eine Knochenmarktransplantation die einzige Rettung für mich sei. Das bedeutete, dass ich mich erneut operieren lassen und noch mehr Chemo ertragen musste. Ich muss wohl nicht erwähnen, dass mich diese Aussicht fast verzweifeln ließ und ich mich fragte, ob ich es dieses Mal überhaupt überleben würde.

Als der Zeitpunkt für die Transplantation schließlich kam, musste ich mich der schwersten Form von Chemotherapie unterziehen, die in diesem Krankenhaus möglich war. Mir ging es während dieser dreitägigen Chemotherapie, in der alle Zellen meines Körpers attackiert wurden, so hundeelend wie nie zuvor. Danach wurde ich auf die Isolierstation verlegt, wo ich drei Wochen lang getrennt von der Außenwelt bleiben sollte. In dieser Zeit fühlte ich mich extrem allein, einsam und hatte große Angst trotz der besten Bemühungen meiner wundervollen Eltern, mich aufzumuntern.

Das winzige Zimmer auf der Isolierstation maß nicht mehr als vier Quadratmeter, wobei das Bett und die medizinischen Instrumente fast den ganzen Raum einnahmen. Ich fragte mich, wie ich es schaffen sollte, wochenlang in diesem kleinen Zimmer eingesperrt zu sein. Aller Mut verließ mich, und während mir die Tränen übers Gesicht liefen, flehte ich Erzengel Michael an, mir beizustehen.

Im nächsten Augenblick empfand ich ein Gefühl heiterer Gelassenheit und der tiefsten Liebe, die ich in diesem Leben jemals erfahren habe. Eine Stimme in meinem Kopf flüsterte sanft: »Alles ist in Ordnung. Du musst dir um nichts Sorgen machen. Ich bin hier, um über dich zu wachen.«

Ein sicheres Wissen, dass dies der Wahrheit entsprach, erfüllte mich voll und ganz. Alle meine Ängste und die düstere Verzweiflung, die mich einen Augenblick zuvor noch beherrscht hatten, waren verschwunden. Die Tränen liefen mir immer noch übers Gesicht, doch jetzt waren es Tränen der Dankbarkeit. Ich wusste, dass Erzengel Michael an meiner Seite war. Ich konnte ihn zwar nicht sehen, aber das spielte keine Rolle, denn ich war sicher, dass er mich beschützte und mir somit nichts geschehen konnte.

Diese heitere Gelassenheit, Liebe und die Sicherheit, dass ich an jenem Tag Michaels Segen teilhaftig wurde, blieb mir erhalten, bis ich drei Wochen später die Isolierstation verlassen konnte. Die Operation verlief ohne Komplikationen und anschließend genas ich vollkommen vom Krebs. Ich weiß bis in die tiefsten Tiefen meines Wesens, dass ich das alles Erzengel Michael zu verdanken habe.

Heute bin ich
Mitte dreißig,
und wann immer
ich Hilfe brauche,
wende ich mich an
Erzengel Michael.
Er ist wahrhaftig
mein bester Freund,
und ich fühle mich
nach wie vor ständig
von seiner Energie
und Liebe umgeben.

Sie können Michael um eine tröstende Botschaft bitten, indem Sie einfach Ihre Bitte denken oder laut aussprechen. Es spielt keine Rolle, welche Methode Sie wählen oder wie Sie Ihre Bitte formulieren, solange Sie ihn wissen lassen, was Sie brauchen. Manche Menschen – wie zum Beispiel John – hören die Worte. Doch wie wir in späteren Kapiteln erfahren werden, kann es auch sein, dass Sie Michaels Antworten sehen oder fühlen. Es ist sogar möglich, seine Botschaft durch eine andere Person zu empfangen.

Wie auch immer, der Erzengel wird Sie wissen lassen, dass er bei Ihnen ist, was allein schon eine sehr beruhigende Botschaft ist.

Louise L. Hay

Ein Wunder am Arbeitsplatz

Aus Brasilien erhielt ich einen Brief, der uns zeigen kann, wie einfach es ist, für andere Menschen kleine und große Wunder zu wirken. Und so schrieb Telma mir:

ICH ARBEITETE in der Marketingabteilung eines internationalen Unternehmens und erhielt das Angebot, in eine andere Abteilung zu wechseln. Leider war mein neuer Vorgesetzter ein solches Ungeheuer, dass niemand in der ganzen Firma ihn mochte. Obwohl ich rasch herausfand, dass sich alle völlig zu Recht über ihn beklagten, hielt ich es drei Jahre bei ihm aus. Es war eine solche Herausforderung, dass alle Kollegen und Freunde mir rieten, zu kündigen. Eines Tages kam es zu einem Streit zwischen meinem Vorgesetzten und mir. Inzwischen war ich der Situation so überdrüssig, dass ich zu ihm sagte, ich würde nicht länger für ihn arbeiten. Er übezeugte mich davon, noch so lange zu bleiben, bis er aus dem Urlaub zurückkehrte.

Als er aus dem Urlaub wiederkam, merkte ich sofort, dass mit ihm etwas nicht stimmte – er humpelte und schien sehr krank zu sein. Als ich ihn darauf ansprach, sagte er, er habe einen Bandscheibenvorfall. Er konnte vor Schmerzen nicht mehr laufen und musste für mehrere Tage ins Krankenhaus.

Als er zurückkehrte, fragte ich ihn, was die Ärzte herausgefunden hätten. Er schaute mich so verängstigt an, dass ich Mitleid mit ihm bekam. Man merkte ihm an, wie groß seine Schmerzen waren, doch die Ärzte hatten ihm gesagt, dass eine Operation zur Linderung der Beschwerden bei ihm nicht infrage kam. Ich schaute ihm tief in die Augen und sagte, dass ich ihm helfen könnte. Er flehte mich geradezu um Hilfe an.

Ich erzählte ihm von *Gesundheit für Körper und Seele*. Ich hatte das Buch nicht bei mir, sagte ihm aber, dass ich innerhalb von ein paar Stunden ein Exemplar für ihn besorgen könnte. Ich ging in die nächste Buchhandlung. Sofort sah ich das Buch im Regal stehen, als hätte es auf mich gewartet. Ich kehrte ins Büro zurück, legte es meinem Vorgesetzten auf den Schreibtisch und sagte ihm in sehr ernstem Ton, er solle es ganz lesen *und* alle Affirmationen anwenden, die für sein Problem passten.

Am nächsten Tag kam er zu mir und sagte, er hätte das Buch verschlungen, und seine Beschwerden seien völlig verschwunden. Er benötigte keine Schmerzmittel mehr, und innerhalb einer einzigen Woche wurde er ein neuer Mensch – glücklicher, und schmerzfrei. Er sagte zu mir, er spüre, dass er wieder völlig gesund sei, wolle aber zu seinem Arzt gehen, um es sich bestätigen zu lassen. Ein paar Stunden später kehrte er glücklich ins Büro zurück und berichtete, die Untersuchungen hätten ergeben, dass mit seiner Wirbelsäule alles in Ordnung sei. Der Arzt hatte keine Erklärung dafür, denn Bandscheibenvorfälle seien schwer zu behandeln und könnten unmöglich einfach so verschwinden.

Alle in der Firma fragten mich, was denn mit meinem Vorgesetzten geschehen sei. Er sei neuerdings so anders, viel menschlicher und freundlicher. Das war vor vielen Jahren. Wenn ich ihn heute frage, wie es ihm geht, antwortet er, dass er seitdem nie wieder Probleme mit der Wirbelsäule hatte.

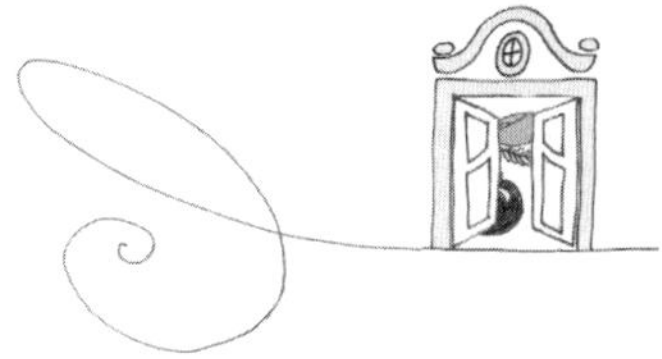

Doreen Virtue

Heilende Kekse

Wir alle haben schon von Menschen gehört, die an den ungewöhnlichsten Orten eine Figur von Mutter Maria gesehen haben, wie zum Beispiel auf einer Scheibe Toastbrot oder als Reflexion in einem Fenster. Gläubige nennen dieses Phänomen »acheiropoieta«, was so viel bedeutet wie religiöse Symbole, die definitiv nicht von menschlicher Hand kreiert worden sind. Einige davon hat die katholische Kirche als Wunder anerkannt.

Zuweilen führt auch die Gottesmutter andere Menschen, um uns Zeichen zu bringen. Wenn diese Dinge auch nicht auf mysteriöse Weise aus dem Nichts kommen, sind sie dennoch machtvolle Hinweise auf ihre Präsenz.

So verhielt es sich bei der folgenden ungewöhnlichen Kette von Ereignissen, bei denen Kekse und Mutter Maria eine Rolle spielten:

MUTTER MARIA ist zu einem sehr wichtigen Teil im Leben von Donna geworden, und ihre Geschichte beginnt mit einem Traum. In diesem Traum war Donna in einem Krankenhaus, das mit verletzten und kranken Patienten überfüllt war. Es gab einen riesigen Raum voller Menschen, die auf Pritschen zusammengepfercht waren. Donna schien auf einer Art Besichtigungstour zu sein. Ein paar andere Leute waren bei ihr, und sie alle folgten einer Gruppe von Ärzten, die Dinge besprachen oder lehrten.

Während sie so dahingingen, hörte Donna plötzlich nicht mehr, was die Ärzte sagten, und begann stattdessen das Leiden wahrzunehmen, das die Menschen in ihrer Umgebung erduldeten.

Sie ging weiter, und die Patienten streckten ihr die Arme entgegen und riefen um Hilfe.

Donna empfand ein tiefes Mitgefühl für sie und erkannte, dass den Ärzten das Leid der Menschen offensichtlich egal war. Irgendwie wusste sie, dass einige der Patienten schon seit Monaten in diesem Krankenhaus waren und es ihnen immer noch nicht besser ging.

Plötzlich wurde Donna klar, dass es etwas gab, was sie tun konnte, um ihnen zu helfen. Sie trug eine Gürteltasche und beschloss, dass sie das, was darin verborgen war, nicht länger für sich behalten konnte. Vielleicht konnte sie damit diesen verzweifelten Menschen helfen. Sie wusste, dass sie es versuchen musste.

Also öffnete sie die Tasche, und was war drin? Oreo-Kekse! Genau, Oreo-Kekse waren die simple Medizin, die sie den Leuten anbot! Sie gab einem Patienten einen Keks und sagte, dass er ihn ohne Sorge essen durfte und sich danach besser fühlen würde. Der Mann konnte nicht gehen; tatsächlich sah er aus, als wäre er in einer Schlacht gewesen, und litt sichtbar große Schmerzen. Doch als er den Keks aß, erlebte er eine totale Transformation. Er lächelte, dankte ihr, stand auf und lief leichtfüßig zur Tür hinaus.

Donna war ein wenig verblüfft, jedoch überglücklich.

Sie gab allen anderen Patienten nun auch einen Keks, und jedes Mal passierte das Gleiche. Also bot sie jedem, den sie sah, einen Oreo an. Immer mehr

Menschen streckten ihre Hände nach einem ihrer Cookies aus, während Donna versuchte, ruhig zu sein und keine Aufmerksamkeit auf das zu ziehen, was hier vor sich ging. Sie verschenkte immer mehr Kekse. Als sie den letzten hergab, stieß sie mit jemandem zusammen. Sie sah auf, und es war einer der Ärzte. Er war riesig und überragte sie um mehrere Kopflängen. Er murmelte irgendwas und schrie sie dann an: »Das darfst du nicht! Wer glaubst du, dass du bist?!« Dann sagte er ihr, dass er und seine Kollegen wussten, was sie tat, und dass sie den Patienten Schaden zufügte, wenn sie ihnen falsche Hoffnungen machte. Außerdem war ein solches Vorgehen nicht erlaubt.

Donna wies darauf hin, dass die Patienten positiv reagierten und gesund wurden und dass dies eine gute Sache sei. Doch der Arzt befahl ihr aufzuhören. Sie war verwirrt und fing an, sich ein wenig eingeschüchtert zu fühlen. Dann warf der Arzt einen Blick in ihre offene Gürteltasche, die jetzt leer war. Er sah Donna an und sagte: »Nun, du hast sowieso keine Kekse mehr, und es gibt nichts, was diesen Menschen helfen kann, also ist es vorbei; es muss auf unsere Weise getan werden.«

Donna sah hoch zu ihm und fühlte plötzlich, wie sie von einer Welle großer Energie und innerer Kraft erfasst wurde. Sie machte die Gürteltasche wieder zu, und als sie direkt in die Augen des Arztes sah, erklärte sie sehr ruhig und bestimmt: »Nein, es ist nicht vorbei; Mutter Maria wird immer für sie sorgen.« Sie öffnete ihre Gürteltasche erneut, und sie war voll bis oben hin mit köstlichen Oreo-Keksen!

Der Arzt war geschockt, Donna jedoch blieb ruhig und erwachte im gleichen Moment von ihrem Traum, erfüllt von einem unvergleichlich wunderbaren Gefühl und in dem Wissen, dass Maria bei ihr war und dass dieser Traum eine große Bedeutung für sie hatte. Sie schrieb sofort die Einzelheiten und ihre Gedanken dazu auf.

Ein paar Tage später war Donna mit ein paar Freundinnen auf dem Weg zu einem Wochenendseminar an einem Ort, der ungefähr viereinhalb Stunden Fahrzeit entfernt war. Unterwegs begannen sie, über Träume zu reden, und Donna schlug vor, ihren zu erzählen. Auch ihre Freundinnen meinten, dass ihr Traum wunderbar und sehr bedeutsam sei. Als sie am Seminarzentrum ankamen, ging jede von ihnen los, um ihr jeweiliges Zimmer zu finden und sich auf den Abendkurs vorzubereiten.

Donna beschloss, vor Beginn des Kurses einen Spaziergang durch den wundervollen Park des Zentrums zu machen. Als sie ein wenig später zurück zu ihrem Zimmer ging, legte sie unter einem herrlichen Baum eine kurze Pause ein. Sie sah zu seiner Krone hinauf und begann, mit Maria zu reden.

Sie sagte ihr, dass sie den Traum und die darin enthaltene Botschaft sehr schätzte, jedoch ein Zeichen brauchte. Sie bat Maria, ihr bitte etwas zu geben, was beweisen würde, dass sie wirklich durch den Traum zu ihr gesprochen hatte und dass sie tatsächlich bei ihr war. Im nächsten Moment fühlte sich Donna von einer wunderschönen Präsenz umgeben, und einen Moment lang schien alles surreal. Sie genoss das Erlebnis, doch dann merkte sie, wie spät es war. Sie dankte Maria und machte sich auf den Weg zum Kurs.

Als der Kurs an diesem ersten Abend vorbei war, plauderte Donna ein wenig mit einigen der Teilnehmerinnen und ging dann in ihr Zimmer. Doch als sie die Tür öffnete, war irgendetwas anders als vorher. Es gab zwei schmale Betten, und sie hatte das Zimmer für sich allein. Ihr fiel auf, dass das Kopfkissen von dem Bett, das sie *nicht* benutzen würde, entfernt worden war und jetzt auf dem Kopfkissen des Bettes lag, in dem sie schlafen würde. Als sie das oberste Kopfkissen vorsichtig anhob, kam unter dem darunter liegenden Kissen etwas Knisterndes zum Vorschein. Als sie auch dieses Kissen hochhob, stockte ihr der Atem. Unter dem Kopfkissen lagen zwei Packungen Oreo-Kekse!

Mutter Maria hatte ihre Bitte um ein Zeichen erfüllt! Am nächsten Morgen erzählte Donna ihren Freundinnen, was passiert war, und wollte wissen, ob eine von ihnen die Kekse dort hingelegt hatte. Zunächst taten sie alle so, als wüssten sie von nichts, doch schließlich gaben sie zu, die Kekse unter das Kissen gelegt zu haben.

Als sie darüber sprachen, wurde ihnen klar, dass genau in dem Moment, wo Donna unter dem Baum stand und alles so surreal zu werden schien, ihre beiden Freundinnen in einem Laden gewesen waren und eine von ihnen sich veranlasst gefühlt hatte, in Anlehnung an ihren Traum Oreo-Kekse für Donna zu kaufen. Als sie vom Einkaufen zurück waren, fühlten sie sich außerdem angeleitet, die Cookies in ihr Zimmer zu bringen und dort zu verstecken, anstatt sie ihr einfach zu geben. Sie waren nicht wenig erstaunt, als Donna ihnen erzählte, wie sie zu Maria gesprochen und um ein Zeichen gebeten hatte.

Donna hat keinen Zweifel daran, dass Mutter Maria ihre Bitte erfüllt hat … und immer bei ihr sein wird.

Louise L. Hay

Wie ich mir eine wunderbare neue berufliche Aufgabe erschuf

Es liegt in unserer eigenen Macht, aus einem Unglück eine Herausforderung werden zu lassen, die uns hilft, alles in unserem Leben zum Besseren zu wenden. Melody aus Michigan berichtete mir, wie sie nach ihrer Scheidung nur mit Mühe einen neuen Job fand, den sie dann auch noch wieder verlor.

Sie erzählt:

ES WAR NICHT LEICHT, als alleinerziehende Mutter zwei Jobs, das Studium und die Hausarbeit zu bewältigen, die Sache jedoch war es auf jeden Fall wert. Ich brauchte sechs Jahre, um meinen Studienabschluss im Fach Personalwesen zu erwerben. Noch einmal drei Jahre und unzählige Vorstellungsgespräche und Absagen später bekam ich endlich »den« Job. Und nach wenigen Monaten wurde mir klar, dass die Arbeit, nach der ich so lange gesucht hatte, mich unglücklich machte. Ich war mir sicher, dass meine Unlust nicht auf die Tätigkeit an sich zurückzuführen war, sondern auf das unmenschliche Arbeitsklima in dieser speziellen Fabrik, wo man mich eingestellt hatte. Niemals zuvor hatte ich in einer so feindseligen Umgebung gearbeitet. Ich wusste, dass ich mir unbedingt eine weniger belastende Arbeitsstelle suchen musste.

Wie das Schicksal es wollte, musste ich gar nicht kündigen – kurze Zeit später entließ das Unternehmen einen großen Teil seines Personals. Mein Gehalt hatte gerade eben meine Ausgaben gedeckt. Ich besaß keinerlei Ersparnisse oder Versicherungen. Zwar weinte ich angesichts dieser Lage, aber ich spürte auch Erleichterung. Mein starker Glaube daran, dass sich eine neue Tür für uns öffnet, wenn sich eine andere geschlossen hat, schenkte mir Kraft und Mut.

Ich habe in meinem Leben schon manche Hindernisse überwunden. In der Kindheit ließ mein Vater uns im Stich. Ich hatte Armut, eine Schwangerschaft als Teenager, Krebs und den Betrug durch meinen Mann bewältigen und mich als alleinerziehende Mutter durchschlagen müssen. Aufgrund früherer Erfahrungen stand für mich ohne jeden Zweifel fest, dass aus dieser neuen Herausforderung nur Gutes entstehen würde.

Kurz zuvor hatte ich mir Louise L. Hays Kartenset *Körper und Seele* besorgt. Ich ging nach Hause und nahm ein paar Karten aus der Schachtel. Laut sagte ich: »Auf einer dieser Karten steht eine Botschaft für mich.« Ich zog eine Karte, und tatsächlich stand darauf: *Ich erschaffe mir jetzt eine wunderbare neue berufliche Aufgabe*. Auf der Rückseite der Karte stand: *Ich bin offen und empfangsbereit für eine wunderbare neue berufliche Aufgabe, bei der meine kreativen Talente und Fähigkeiten gefragt sind und ich mit liebenswerten Menschen zusammenarbeite, an einem schönen Arbeitsplatz und gegen gute Bezahlung*.

Ich steckte die Karte in mein Portemonnaie. Immer wieder während meines Alltags nahm ich sie heraus und wiederholte die Affirmation. Ich glaubte aufrichtig an diese Botschaft und wusste tief im Herzen, dass sie sich verwirklichen würde.

Sechs Wochen später fand ich eine Anstellung in einer staatlichen Beratungsstelle für Arbeitslose. Dort bestand meine Aufgabe darin, die Betroffenen für eine erfolgreiche Jobsuche zu schulen.

Die Stelle war neu eingerichtet worden. Hier arbeitete ich mit gleichgesinnten Menschen zusammen, nur acht Kilometer von zu Hause entfernt, mit einer schönen Flusspromenade gleich vor der Tür! Und mein Anfangsgehalt lag deutlich über dem, das mir an der vorherigen Arbeitsstelle gezahlt worden war.

Nach nur neun Monaten wurde ich zur Abteilungsleiterin befördert und erhielt eine Gehaltserhöhung.

Das war vor fast zehn Jahren. Es erfüllt mich mit großer Befriedigung, und ich habe das Gefühl, eine gute Bestimmung zu erfüllen, wenn ich die Resultate meiner Schulungen erlebe. Der schönste Lohn für meine Arbeit ist es, wenn Arbeitssuchende niedergedrückt und mutlos in unsere Beratungsstelle kommen und sie mit einem neuen Leuchten in den Augen wieder verlassen.

Menschen, die schwere Zeiten durchmachen, Hoffnung zu schenken ist eine sehr dankbare Aufgabe. Ich weiß es nicht nur, sondern ich *fühle* durch und durch, dass ich meine Nische, meine Lebensaufgabe gefunden habe.

Doreen Virtue

Von Feen, Fröschen und Libellen

Bei einem Spaziergang nahe einem Seminarhaus hatte ich eine bemerkenswerte Begegnung mit den Feen, wie sie eigentlich jeder von uns erleben kann, wenn er sich dafür öffnet.
Neben einem blauschwarzen Teich bemerkte ich Libellen, die zwischen den Seerosenblättern und Fröschen hin und her flitzten.

Majestätische Weiden bildeten einen perfekten Hintergrund für diese liebliche Szene, und ich empfand tiefen Frieden und Liebe, als ich mich setzte und die Feen anrief mit der Bitte, mir mehr über die Natur der inkarnierten Elementarwesen zu erzählen.

»Viele Lichtarbeiter, die in menschlicher Gestalt unter uns weilen, sind in Wahrheit nicht menschlichen Ursprungs«, hörte ich eine leicht hallende Stimme sagen. Ich schaute hinüber zu dem Teich, und fast wollte es mir erscheinen, als käme die Stimme von einer riesigen Libelle.

Die Feen lasen natürlich wieder einmal meine Gedanken und erklärten: *»Unsere Stimmen kommen nicht wirklich von der Libelle, doch wir wollten dir ein anderes Beispiel für ein inkarniertes Elementarwesen geben. Libellen und Frösche gehören zu unserem Reich, und sie helfen, den Stress von Mutter Erde umzuwandeln. Ein Grund, warum Frösche so oft in Märchen vorkommen, ist der, dass das menschliche Herz die Magie des Elementarreiches in ihnen erkennt.*

Frösche, die in hautnahem Kontakt mit der Erde und dem Wasser leben, absorbieren viel der dichtesten und härtesten Energie, und doch weisen sie keine Zeichen von Stress, Angst oder Wut auf. Sie bleiben ruhig, weil sie wissen, dass ihre Mission darin be-

steht, mit ihren tiefen Baritonstimmen Stress abzuwenden. Ihre Töne verwandeln sowohl den Stress ihrer eigenen Körper als auch den der Erde und der Gewässer, die sie bewohnen. Die Libellen arbeiten mit den Fröschen zusammen, vergleichbar winzigen Engeln, die den Fröschen die Last von den Schultern nehmen und sie in die Ätherwelt tragen. Für Menschen ist es daher besonders heilsam, den Klängen der Frösche und Libellen zu lauschen.«

Ich sah zu, wie die Libellen über den Rücken der Frösche kreisten, während diese stetig und ohne Unterbrechung in ihrem gleichmäßigen Rhythmus weiterquakten. Ich staunte, wie sehr die Flügel der Libellen denen der Feen glichen.

»Das liegt daran, dass wir zu demselben Reich gehören«, bemerkten die Feen.

Würde ich mich jemals daran gewöhnen, dass alle meine Gedanken der geistigen Welt offen zugänglich waren? Dann fiel mir die Prophezeiung des Erzengels Michael ein, dass wir alle in naher Zukunft telepathisch leben würden, was geheime, unehrliche Gedanken unmöglich machen würde.

»Die mutigsten unter den Feen entscheiden sich dazu, in der physischen Welt zu inkarnieren, sowohl um diese Dimension zu erleben als auch um tief grei-

fenden Einfluss auf den Schutz der Umwelt nehmen zu können.«

Was meint ihr damit?, fragte ich.

»Nun, die meisten Feen sind fröhliche, unbeschwerte Wesen. Wir wissen, wie wir alle unsere Bedürfnisse erfüllen können. Im Grunde genommen holen wir uns alles, was wir brauchen, aus den ätherischen Bereichen. Für uns ist das Leben ein einziges Festgelage.

Wir haben keine Ahnung, warum die Menschen meinen, dass sie die Umwelt zerstören müssen, um ihre Bedürfnisse nach Kleidung, Nahrung und Obdach zu befriedigen. Wissen die Menschen nicht, dass sie mit einem Gedanken alles erschaffen können, was sie brauchen? Offensichtlich nicht, denn wir sehen mit Schrecken, wie Menschen die Umwelt mit Maschinen, Pestiziden und Abfällen verwüsten.

Daher gibt es viele Freiwillige unter den Elementarwesen, die sich auf der physischen Ebene inkarnieren. Diejenigen, die noch nicht bereit sind, die Rolle von Menschen zu übernehmen, kümmern sich um die vermittelnden Aufgaben, die von Fröschen oder Libellen übernommen werden.

In der Regel sind es jene Elementarwesen, die am meisten empört sind über die Missachtung der menschlichen Rasse gegenüber der Umwelt, die freiwillig in Menschengestalt inkarnieren. Zunächst einmal müs-

sen sie visualisieren und sich vorstellen, wie es ist, ein Mensch zu sein. Dann müssen sie diese Visualisierung mit einem Kuss besiegeln, wodurch sich ihr Herz in einer sichtbaren Linie nach außen erweitert und eine entsprechende Manifestation ermöglicht.

Mit anderen Worten, sie müssen Liebe empfinden, die dieses persönliche Vorhaben umgibt. Alle Elementarwesen wissen, dass es für sie kein Zurück mehr gibt, wenn dieser Zauber einmal in Gang gesetzt ist. Auf die eine oder andere Weise wird die Manifestation geschehen. Die Feen sorgen sich nicht darum, wie es geschehen wird; sie wissen aber ohne den geringsten Zweifel, dass es geschehen wird.«

Louise L. Hay

Das Wunder der Vergebung

Vergebung fällt den meisten von uns schwer. Aber wir sollten alle Vergebungsarbeit leisten. Jeder Mensch, der Probleme damit hat, sich selbst zu lieben, ist höchstwahrscheinlich in diesem Bereich blockiert. Vergebung öffnet unser Herz für die Selbstliebe.

Viele von uns schleppen Jahr um Jahr tief sitzenden Groll und Verbitterung mit sich herum. Selbstgerecht klagen wir darüber, was *sie* uns angetan haben. Ich nenne das: eingesperrt sein im Gefängnis des selbstgerechten Grolls. Wenn wir unbedingt recht haben wollen, werden wir niemals glücklich sein.

Ich höre Sie schon sagen: »Aber Sie wissen doch gar nicht, was mir angetan wurde! Es ist absolut unverzeihlich.« Damit, dass wir nicht zur Vergebung bereit sind, tun wir uns selbst etwas Schreckliches an. Verbitterung ist, als würden wir jeden Tag einen Löffel Gift schlucken. Sie sammelt sich in unserem Geist und Körper an und schadet uns. Es ist unmöglich, gesund und frei zu sein, wenn wir uns an die Vergangenheit ketten. Der Vorfall, den wir für so wichtig halten, ist lange vergangen und vorbei. Ja, es stimmt, dass *sie* sich damals falsch verhalten haben. Doch es ist vorüber. Oft glauben wir, wenn wir ihnen vergeben, würden wir damit anerkennen, dass das, was sie getan haben, in Ordnung war.

Zu akzeptieren, dass alle Menschen stets gemäß ihrem momentanen Wissen ihr Bestes geben, gehört zu unseren größten spirituellen Lernaufgaben. Die Menschen können immer nur entsprechend der Bewusstheit und dem Wissen handeln, über die sie aktuell verfügen. Ausnahmslos jeder Mensch, der andere misshandelt, wurde selbst als Kind misshandelt. Je größer die erlittene Gewalt, je größer der eigene Schmerz, desto mehr neigen diese Menschen möglicherweise selbst dazu, anderen Schmerz zuzufügen. Damit soll nicht gesagt werden, dass ihr Verhalten hingenommen werden soll oder entschuldbar ist. Doch für unser spirituelles Wachstum ist es unerlässlich, dass wir uns des seelischen Schmerzes bewusst werden, unter dem jene leiden, die sexuellen Missbrauch begehen oder sich in anderer Weise gewalttätig verhalten.

Wenn die Erfahrung der Vergangenheit angehört, vielleicht schon vor sehr langer Zeit geschehen ist, sollten Sie loslassen. Machen Sie sich frei davon. Kommen Sie aus Ihrem Gefängnis, treten Sie heraus ins Sonnenlicht des Lebens!

Wenn die Situation aber noch fortbesteht, sollten Sie sich fragen, warum Sie sich selbst so wenig achten, dass Sie es hinnehmen, von anderen Menschen so behandelt zu werden. Warum bleiben Sie in einer solchen Situation? Verschwenden Sie keine Zeit darauf, es dem oder den anderen »heimzuzahlen«. Das funktioniert nicht. Was wir geben, kehrt stets wieder zu uns zurück. Lösen wir uns also von der Vergangenheit und arbeiten wir daran, uns in der *Gegenwart* zu lieben. Dann erwartet uns eine wunderbare Zukunft.

Gerade von dem Menschen, dem zu vergeben Ihnen am schwersten fällt, können Sie am meisten lernen. Wenn Sie sich selbst genug lieben, um sich über die alte Situation zu erheben, dann werden Verstehen und Vergebung Ihnen leichtfallen. Und das macht Sie frei.

Doreen Virtue

Das Haus

Da Erzengel Michaels Hauptaufgabe darin besteht, die Menschen, Orte und die Welt im Allgemeinen von Angst zu befreien, ist er erstklassig darin, die Energie bei Ihnen zu Hause oder an Ihrem Arbeitsplatz zu reinigen. Michael komplimentiert erdgebundene Seelen und negative Energie hinaus, ruft an ihre Stelle göttliche Engel herbei und schützt den betreffenden Bereich vor jeglichen Eindringlingen.

Es ist eine gute Idee, Erzengel Michael zu bitten, die Energie an jedem Ort zu reinigen, an dem Sie sich aufhalten.

Die Engel-Therapeutin Sophia Fairchild hat sich an Erzengel Michael gewendet, um negative Energien und erdgebundene Seelen aus ihrem Haus zu vertreiben.

VOR VIELEN JAHREN habe ich ein altes, baufälliges Haus auf einem Hügel mit Meeresblick gekauft. Es war sehr heruntergekommen, doch lag es wunderbar und war das Einzige, was ich mir damals leisten konnte. Ich hatte den Verdacht, dass irgendetwas mit dem Haus nicht stimmte, da es trotz seiner herrlichen Lage und des niedrigen Preises keine Kaufinteressenten gab.

Im Nachhinein ist mir klar, dass das Problem offen auf der Hand lag. An dem Sonntag, als das Haus zur Besichtigung geöffnet war, fiel mir auf, dass die wenigen Interessenten, die sich eingefunden hatten, nicht weiter kamen als bis zum Eingangsbereich, bevor das Blut aus ihren Gesichtern wich. Die meisten von ihnen schienen vor irgendetwas zurückzuschrecken, liefen zurück zu ihren Autos und fuhren schnell davon. Der Grundstücksmakler stand ein gutes Stück entfernt, mit schwacher Stimme auf den Meeresblick hinweisend und sich für die Tatsache entschuldigend, dass das Haus schon länger leer stand.

Auch ich spürte die kalte, klamme Atmosphäre, die von dem Haus ausging, dennoch wagte ich mich vorsichtig hinein. Ich versuchte, nicht zurückzuschrecken vor den alten, kaputten Rohren, den Löchern in den bekritzelten Wänden, dem jahrzehntealten Gerümpel auf den Regalen in der finsteren Garage und den persönlichen Gegenständen, die in der Eile zurückgelassen worden waren und nun wie Konfetti überall auf dem Grundstück verstreut lagen.

Dieser zauberhafte Meeresblick jedoch und die schwache Ahnung von dem, was einmal ein herrlicher Garten gewesen sein musste, der jetzt unter Müll und Unkraut begraben war, weckten in mir genug Zuversicht, dass ich glaubte, aus dieser Ruine etwas machen zu können. Abgesehen davon konnte ich mir nichts anderes leisten.

Bei der Auktion war ich der einzige Bieter, abgesehen von einem Mann, den ich für einen Strohmann hielt, den man geschickt hatte, um den Preis absichtlich in die Höhe zu treiben. Zum Glück bemerkte ich, was da vor sich ging, stellte den Mann bloß und war überglücklich, das Haus für eine noch geringere Summe zu ergattern, als ich erwartet hatte. Es kam mir vor wie ein Wunder, dass ich endlich ein eigenes Haus hatte! Mein Sohn jedoch war nicht so begeistert.

Kurz nach unserem Einzug in das Haus begannen meine ängstlichen Nachbarn, mir sehr seltsame Geschichten über die früheren Besitzer zu erzählen. Eine alte Frau, Überlebende eines Konzentrationslagers, hatte viele Jahre einsam hier gelebt, bevor sie in meinem jetzigen Schlafzimmer gestorben war. Eine gepeinigte Seele, fuhr sie jeden Tag stundenlang mit dem Bus durch die Stadt, anscheinend um vor jemandem oder etwas zu fliehen, von dem sie sich immer verfolgt fühlte. Der Gedanke machte mich traurig, dass die alte Frau nach allem, was sie durchgemacht hatte, sich so vor ihrem eigenen Haus fürchtete.

Im Laufe der Jahre verfiel das Haus immer mehr aufgrund gleichgültiger Nachmieter und eines abwesenden Besitzers, der das Grundstück nur wegen seines Bodenwerts gekauft hatte. Zuletzt wurde das Haus von einer Gruppe Okkultisten bewohnt, der die nächtliche Geisterparade, die durch das windgepeitschte Haus hereinströmte, schauerliches Vergnügen bereitet haben musste – bis *auch sie* von heute auf morgen auszog. Sogar meine Katzen wussten, dass es in diesem Haus spukte; trotzdem gelang es mir, dieses Detail zu verdrängen.

Ich beauftragte einen bekannten Feng-Shui-Experten damit, das Haus von seiner feuchten, unangenehmen Energie zu reinigen. Er wies mich auf mehrere starke Energiebahnen hin, die sich unter dem Haus kreuzten. Wir hämmerten mitten durch diese Energiebahnen Kupferrohre in den Boden, um die Energie zu zähmen, und stellten die Möbel im Zimmer meines Sohnes um. Nachdem der Mann alles ihm Mögliche getan hatte, riet er mir zum Abschied, einen Fachmann für Exorzismus hinzuzuziehen. *Einen was? Also gut, Exorzismus. Doch wen soll ich da anrufen?* Er wusste es nicht. Das war nicht etwas, das man mal eben in den Gelben Seiten nachschlagen konnte.

Doch im gleichen Moment begann ich mir ernsthaft zu sagen, dass ich diese Situation in den Griff bekommen müsse. Ich schob das Gefühl, der Lage nicht gewachsen zu sein, einfach beiseite, zugleich wusste ich auch nicht, an wen ich mich wenden sollte. Immer wieder sah ich vor meinem inneren Auge das Bild eines bunten Glasfensters einer alten gotischen Kathedrale. Dies war zu der Zeit meine einzige Assoziation mit dem Begriff *Exorzismus*. Ohne irgendetwas anderes in der Hand zu haben, beschloss ich, in den staubigen Regalen von Antiquariaten nach Material über mittelalterlichen Exorzismus zu suchen.

Schließlich fiel mir in einer dieser Buchhandlungen eine Abbildung von Erzengel Michael auf einem strahlend bunten Glasfenster einer englischen Kirche auf. In dem goldgeränderten Buch wurden Gebete erwähnt, mit denen man den Erzengel um Hilfe beim Umgang mit Dämonen bitten konnte. Ich merkte, wie ich begann, den Atem anzuhalten und zu schwitzen. Was ich gerade las, war eine ausführliche Beschreibung, wie man ein Haus von bösen Geistern befreien konnte.

Ich las: »Michael ist der Prinz der himmlischen Armeen. Die Gläubigen rufen ihn bei allen Gefahren für Seele und Körper an und bitten ihn flehentlich um Beistand in der Stunde ihres Todes, damit er ihre Seelen vor den Thron Gottes bringen möge.«

Beim Lesen dieser Worte konnte ich nicht länger die Tatsache und das Ausmaß des Spuks verleugnen, und ich begriff, wie hilflos wir eigentlich waren. Ich hatte mir eingebildet, dass ich irgendwie die Macht besitze, meine Familie zu beschützen und mich den herumwirbelnden Legionen entgegenzustellen, die nach Belieben jede Nacht durch unser Haus zogen.

In Wahrheit war mir diese Situation längst über den Kopf gewachsen, doch Michael warf mir eine Rettungsleine zu. Unter Tränen begann ich erleichtert aufzuatmen.

Ich bin in einer verwässerten christlichen Tradition aufgewachsen, die der Präsenz von Erzengeln kein großes Gewicht beimaß. Als ich jedoch an jenem Morgen in dem alten Buchladen stand und das Bild von Michael betrachtete, wie er seinen mächtigen Speer auf das Angst einflößende wilde Tier unter seinen Füßen richtete, wusste ich, dass ich den richtigen Mann für den Job gefunden hatte.

In dieser Nacht schlief mein Sohn bei einem Freund. Ich legte mich ins Bett und schloss die Augen. Die Zeit war gekommen. Der Raum war eiskalt, und von dem ganzen Haus ging eine Unruhe und Spannung aus, wie immer.

Nicht sicher, was ich als Nächstes tun sollte, wandte ich mich mit einem einfachen Gebet an Erzengel Michael und bat ihn um Hilfe. Im nächsten Augenblick erschien er vor meinem inneren Auge als eine hochgewachsene, feurige Gestalt. Ich fühlte, wie seine Wärme den Raum erfüllte und seine Gegenwart mich beruhigte.

Ich bat ihn, mir zu helfen, die Geister oder Wesenheiten loszuwerden, die sich in unserem Haus herumtrieben. Kaum hatte ich sie erwähnt, als ich – wie auf einer Leinwand vor meinem inneren Auge – eine große Anzahl von Formen sah, die sich in der Dunkelheit vor mir sammelten.

Erzengel Michael stand direkt vor meinem Bett und schirmte mich mit seinen riesigen Flügeln und seiner großen Aura glühend weißen Lichtes ab. Die Seelen, die sich vor ihm versammelt hatten, schienen in seiner Gegenwart ganz ruhig zu sein. Dann merkte ich, dass er sie nach rechts dirigierte, wo eine kleine Öffnung des Lichts immer heller und größer wurde.

Es war, als würde ein schwerer Stein von dem Eingang in eine Bergwand weggeschoben und als würden wir alle von der Höhle aus zuschauen, wie die hellen Strahlen der Sonne hereinströmten, um uns zu wärmen. Das golden-weiße Licht, das durch diese Öffnung strahlte, schien die versammelten Geister zu sich zu rufen. Ich konnte Erzengel Michael dabei zuschauen, wie er eine Seele nach der anderen aufforderte, durch die Öffnung in den strahlenden Sonnenschein hineinzugehen.

Während sich die Reihe der Schattenseelen auf den beleuchteten Eingang zubewegte und ihn passierte, kamen immer mehr hinzu! Diese Prozession schien gar kein Ende zu nehmen, und obgleich ich spürte, dass mir die Augen vor Müdigkeit zufallen wollten, kämpfte ich darum, wach zu bleiben, um zu sehen, was als Nächstes passieren würde.

Der Erzengel muss meine Müdigkeit gespürt haben. Er befahl den Seelen, die noch nicht durch die helle Öffnung ins Licht gegangen waren, sich fürs Erste zurückzuziehen und mich in Frieden zu lassen. Und auf seine Anweisung lösten sie sich einfach auf. Es schien, als hätte Erzengel Michael ein Tor für alle jene verlorenen Seelen geöffnet, damit sie hindurchgehen und nicht länger ruhelos und an einem Ort gefangen sein würden, wo sie nicht hingehörten.

Und das Ganze war ohne jeglichen Kampf vor sich gegangen, auf wunderbar friedliche und mitfühlende Art.

Die Energie in unserem Haus beruhigte sich schnell, und der Erzengel kam viele Male zurück, um diese Seelen ins Licht zu begleiten. Und jedes Mal schienen sie von weit her zu kommen, um sich in einer ordentlichen Reihe aufzustellen und in das Licht hineinzugehen, das er für sie bereithielt.

Nach einer Zeit brauchte Michael nicht mehr so regelmäßig zu kommen, und nach und nach fühlte sich unser Haus wie ein richtiges Zuhause an.

Später erfuhr ich von einem Ortsansässigen, dass das Gelände in der Nähe unseres Hauses wahrscheinlich in alten Zeiten als Begräbnisstätte gedient hatte. Und das Haus selbst befand sich nur wenige Meter von einem existierenden Friedhof entfernt, der auf die frühesten Siedler zurückging. Offensichtlich hatte Erzengel Michael unglaublich viele Seelen herbeigerufen, einschließlich jener, die Jahrhunderte zuvor gestorben waren, um sie ins Licht zu führen.

Wir verlebten ein paar sehr glückliche Jahre in jenem Haus. Viel später, nachdem ich den herrlichen Garten erneuert und das Anwesen mit viel Sorgfalt renoviert hatte, verkaufte ich das Haus auf dem Hügel zu einem Rekordpreis. Inzwischen konnte man dank Michaels Hilfe kleine Kinder hören, die fröhlich in der Nachbarschaft spielten.

Louise L. Hay

Man kann seine Gedanken nur verändern, wenn man weiß, was man denkt

Viele unserer Glaubensüberzeugungen sind uns gar nicht bewusst. Sie wurden uns in der Kindheit anerzogen, und wir brauchen etwas Zeit, um herauszufinden, was es mit ihnen auf sich hat.

EIN GUTE ÜBUNG hierzu besteht darin, ein großes Blatt Papier zu nehmen und zum Beispiel oben auf das Blatt zu schreiben, was Sie über Männer denken.

Dann schreiben Sie auf, was Sie über Frauen denken, über Geld und über jedes andere Thema, das Ihnen in den Sinn kommt. Schreiben Sie alle Gedanken auf, die Ihnen zum jeweiligen Thema durch den Kopf gehen.

Schreiben Sie einfach alles auf, egal ob es Ihnen gefällt oder nicht. Schauen Sie sich an, welche Aussagen positiv sind und welche negativ. Formulieren Sie dann die negativen Aussagen zu positiven Affirmationen um.

So können Sie klären, welche negativen Vorstellungen Sie beispielsweise bezüglich des Geldes hegen, die Sie daran hindern, wohlhabend zu werden. Auf diese Weise können Sie herausfinden, was Sie in allen Lebensbereichen glauben. Um Ihre Gedanken zu ändern, müssen Sie erst einmal herausfinden, was Sie eigentlich denken.

Es gibt ein Gesetz des Denkens, das wir erst allmählich verstehen lernen. Das ist wie ein Computer. Der tollste Computer nützt dir überhaupt nichts, wenn du ihn nicht bedienen kannst. Dann ist er wertlos. Aber wenn du seine Sprache lernst, kannst du mit ihm wahre Wunder vollbringen. Und so ist es auch mit dem Gesetz des Denkens. Wenn du lernst, wie es funktioniert, geschehen Wunder.

Das, was du denkst und glaubst, wird für dich wahr. Mit unseren Gedanken erschaffen wir unser Leben. Es ist wirklich so einfach. Haben wir das einmal begriffen, können wir enorme Veränderungen bewirken.

Doreen Virtue

Das Robbenbaby

Ich ging nach einem langen Arbeitstag mit vielen Beratungen am Strand in der Nähe meines Hauses in Newport Beach spazieren. Als ich mich einer Reihe von Felsen näherte, bemerkte ich ein kleines braunes Tier. Ich sah, dass es sich um einen jungen Seehund handelte und dass irgendetwas mit ihm nicht in Ordnung war.

Ich setzte mich neben das Robbenbaby in den Sand. Mithilfe seiner Flossen robbte es näher an mich heran. Das Atmen schien dem kleinen Kerl furchtbar schwerzufallen, und ich spürte seine Erschöpfung und Angst.

Da erinnerte ich mich, dass auf einer schwimmenden Plattform am Ende der Felsen eine große Gruppe von Seehunden lebte. Das Baby musste von seiner Mutter getrennt und dann ans Ufer gespült worden sein. Intuitiv hielt ich meine Hände über den kleinen Seehund, ohne ihn zu berühren, und visualisierte, wie Christusenergie durch mein Kronenchakra in meine Fingerspitzen und in seinen kleinen Körper floss. Ich betete darum, dass Jesus und die Engel ihm helfen würden.

In diesem Augenblick kam jemand vom Strandaufsichtspersonal dazu. Mit lauter Stimme und abrupten Bewegungen erklärte er, dass er bereits dafür gesorgt habe, dass der kleine Seehund in eine Art Tierheim für gestrandete Meerestiere in der nächsten Stadt gebracht werden würde. Während dieser Mann sprach, zog sich das Robbenbaby unter eine nahe Steinformation zurück, um dort Schutz zu suchen. Die intensive, angstvolle Energie des Mannes erschreckte das Tier offensichtlich. Der Mann zog ein Stethoskop aus der Jackentasche und versuchte, es auf die Brust des Robbenbabys zu legen. Das Tier zischte und bellte jedoch und drohte ihn zu beißen. Verlegen ging er schließlich weg und murmelte, dass er nach dem Fahrer Ausschau halten würde, der den Seehund abholen sollte.

Mir war sofort klar, dass etwas geschehen musste. Wenn das Tierheim das Robbenbaby abholen und wegbringen würde, hatte es so gut wie keine Chance, wieder mit seiner Mutter zusammenzutreffen. Ich betete inständig darum, dass Jesus Hilfe schicken möge, und zwar schnell! Während ich betete, robbte der kleine Seehund wieder an meine Seite, und ich fuhr fort, ihm durch meine Fingerspitzen heilendes Licht zu senden.

Als ich meine Augen öffnete, sah ich einen jungen Mann, der sich langsam dem Robbenbaby und mir näherte. Der Mann lächelte mir zu, als er sich vorsichtig neben uns setzte. Der Seehund blieb friedlich an meiner Seite liegen. Ich erklärte dem jungen Mann die Situation, und er verstand sofort, dass wir ein Wunder brauchten, um das Robbenbaby wieder mit seiner Mutter zu vereinen, bevor der Rettungswagen des Tierheims ankam. Als gläubiger Mensch war er sofort bereit, mit mir gemeinsam zu beten.

Der junge Mann bemerkte die Position meiner Hände, während ich betete. Ich sandte dem Robbenbaby noch immer heilende Energie durch meine

Fingerspitzen, und er fragte: »Nehmen Sie gerade eine Art spiritueller Heilbehandlung vor?« Als ich seine Frage bejahte, erklärte er, dass seine Mutter sich mit ganzheitlichen Heilmethoden beschäftigte und er daher wusste, was ich machte. Während wir weiter beteten, fragte der junge Mann plötzlich: »Sind Sie sicher, dass Sie zum wahren Jesus beten?« Er blickte mich mit einer Kombination aus ängstlichem Vorurteil und mitfühlender Besorgnis an.

Ich berührte das Kristallkreuz an meinem Hals und lächelte ihn beruhigend an: »Ja, ich bin ganz sicher, dass ich zu dem richtigen Jesus spreche.«

Der junge Mann lächelte erleichtert zurück und sagte: »Ich nehme an, es stimmt, dass immer dann, wenn zwei oder mehr Menschen sich in seinem Namen versammeln, Wunder geschehen können.«

Ich stimmte ihm zu, und wir nahmen unser gemeinsames Beten wieder auf. Wir merkten, dass die Zeit knapp wurde, da der Fahrer vom Tierschutz sicher schon auf dem Weg war, um den kleinen Seehund abzuholen. Dann ließ uns ein Geräusch zu unserer Linken plötzlich aufschauen. Auf den Felsen stand ein Mann mit wehenden, langen grauen Haaren. Ein blendend weißes Licht erstrahlte um ihn, was es schwierig machte, seine Gesichtszüge zu erkennen. Der Mann kletterte rasch die Felsen herunter. Er schaute weder mich noch den jungen

Mann neben mir an und sagte kein Wort. Wir sahen ihm schweigend zu, während er sich geschickt der Situation annahm. Er holte ein langes Stück Seegras und kitzelte den Bauch des Seehundbabys. Das Tier protestierte, doch gleichzeitig robbte es ein paar Zentimeter näher an den Strand. Mein junger Gefährte hob die Hände, als wollte er die Handlungen des älteren Mannes infrage stellen, doch ich stoppte ihn und sagte: »Keine Sorge. Das ist genau das Wunder, um das wir gebetet haben.«

Der alte Mann fuhr fort, den kleinen Seehund zu kitzeln, der dabei langsam immer näher auf das Wasser zurobbte. Innerhalb weniger Minuten hatte der Mann das kleine Tier zurück ins Wasser gelockt. Nachdem seine Aufgabe beendet war, ging er weg, ohne uns anzuschauen oder etwas zu sagen.

Der junge Mann und ich seufzten erleichtert, als wir sahen, dass der kleine Seehund in Richtung der schwimmenden Plattform schwamm. Fünf Minuten später kam der Wagen vom Tierschutz an, doch der Seehund war nicht mehr zu sehen. Wir beide stimmten überein, dass wir Zeugen eines Wunders geworden waren. Dann lief ich dem alten Mann nach, um ihm für seine Hilfe zu danken, doch er tat meine Worte nur mit einem Achselzucken ab. Stattdessen winkte er mir lächelnd zu, als wollte er sagen: »Geh in Frieden.«

Mein Leben wurde *tatsächlich* immer friedvoller, während ich lernte, mehr und mehr in meinem wahren Selbst zentriert zu bleiben. Ich fürchtete mich nicht mehr davor, über meine spirituellen Überzeugungen und Erfahrungen zu sprechen oder zu schreiben, und auch das trug zu meinem inneren Frieden bei. Außerdem meditierte ich weiterhin zweimal täglich und stellte fest, dass das besonders wirkungsvoll war, wenn ich mich dabei in der Natur aufhielt.

Am Tag vor meinem Geburtstag gingen Michael und ich nachmittags am Strand spazieren. Normalerweise führten wir bei unseren Spaziergängen immer lebhafte Gespräche. Dieses Mal jedoch liefen wir schweigend nebeneinander her. Wir hatten uns bei den Händen gefasst, doch befanden wir uns jeweils in unserer eigenen Welt, friedlich in die eigenen Gedanken versunken.

Nach ungefähr anderthalb Kilometern erreichten wir die Felsen, wo ich das Robbenbaby gefunden hatte. Ich liebte es, auf den kristallinen Quarzsteinen zu sitzen, während ich meditierte, eingelullt vom Dröhnen der Brandung und der warmen Umarmung der Nachmittagssonne. Doch in letzter Zeit hatte eine außergewöhnlich hohe Brandung dort meine Meditation beeinträchtigt. Es war mir nicht so recht gelungen loszulassen, denn ständig war ein Teil meines Bewusstseins mit meiner Umgebung beschäftigt und sorgte dafür, dass ich vor den fünf Meter hohen Wellen sicher war, die von einem Moment auf den anderen ihre Richtung ändern und mich von den Felsen spülen konnten.

An diesem Tag bot Michael an, auf die Brandung zu achten, während ich meditierte, sodass ich mein Bewusstsein von der Umgebung abziehen und ganz nach innen gehen konnte. Wir gingen die Felsen entlang und suchten nach zwei bequemen Plätzen zum Sitzen. Vorsichtig inspizierten wir die Umgebung und suchten einen Platz, der nahe genug am Wasser lag, damit wir die tosende Brandung hören konnten, jedoch weit genug davon entfernt, um uns Sicherheit zu gewährleisten. Schließlich entschieden wir uns für zwei flache Quarzfelsen.

Mit geschlossenen Augen atmete ich tief die dunstige Meeresluft ein, während die Gischttropfen meine warme Haut kühlten. Im Vertrauen darauf, dass Michael auf die Brandung achtete, versank ich sofort in tiefe Meditation. Ich visualisierte meine Chakren und stellte mir reine weiße Energie vor, die jedes Chakra reinigte und ins Gleichgewicht brachte. Während ich dies tat, wurde mein Herz von Glückseligkeit erfüllt. In diesem Moment empfand ich unendliche Liebe, eine tiefe Liebe für alles, was lebt. Ich war mir der Bezogenheit aller Lebewesen untereinander bewusst und fühlte mich mit allem und jedem in starker Liebe verbunden.

Als ich aus dieser wunderbaren Meditation wieder auftauchte, breitete ich vor Dankbarkeit für die großartige Wahrheit des Lebens weit die Arme aus.

Dann öffnete ich die Augen und erblickte Michael, der mit untergeschlagenen Beinen friedlich neben mir saß. Er lächelte, als er meine Bewegung bemerkte, und fragte: »Können wir wieder zurückgehen?«

Ich nickte und erhob mich von dem Felsen, auf dem ich saß. Als ich mich umdrehte, um herunterzuklettern, zog ein strahlend rosafarbenes Objekt meine Aufmerksamkeit auf sich. Mir stockte der Atem, als ich erkannte, um was es sich handelte. Dort, genau neben mir, lag ein Strauß lilafarbener Orchideen und rosa leuchtender Rosenknospen, mit einem glänzenden rosa Satinband zusammengebunden. Der Strauß war noch nicht da gewesen, als wir uns gesetzt hatten – ich hätte ihn auf jeden Fall bemerkt! Wir hatten die Felsen sehr gründlich inspiziert, als wir uns darauf niederließen, und hätten solch ein farbenfrohes Bukett niemals übersehen können. Michael hatte den Strauß nicht mitgebracht – er trug nur Shorts und ein Trägerhemd, also nichts, worunter er einen Blumenstrauß hätte verbergen können. Außerdem waren diese Blumen frisch und nicht verknittert, wie sie es gewesen wären, hätte er sie unter seinem dünnen Baumwollhemd versteckt.

Es gab keine andere Erklärung: Mir war soeben ein Wunder widerfahren. Ich hielt das Bukett in der Hand und zeigte es aufgeregt Michael. In diesem Augenblick sagte meine innere Stimme deutlich hörbar: »Herzlichen Glückwunsch zum Geburtstag, Doreen!« Der wunderbare Blumenstrauß war ein Geschenk des Universums, das meine Erkenntnis des Einsseins allen Lebens feierte.

Louise L. Hay

Die Kinder, die auf mich warteten

Sich einen Lebenstraum zu erfüllen kann jedem von uns gelingen. Die wunderbare Geschichte von Connie erzählt davon. Sie schrieb mir:

IM JAHR 1990 war ich seit zehn Jahren verheiratet und wünschte mir sehnlich Kinder. Mein treibender Gedanke war dabei nicht der Wunsch, »meine« eigenen Kinder zu haben, denn ich war selbst Adoptivkind. Auch meine Adoptivmutter war ihrerseits adoptiert worden, und meine leibliche Mutter war ebenfalls Adoptivkind. Obwohl es ganz sicher ein Geschenk gewesen wäre, ein eigenes Kind zu bekommen, ging es mir nicht darum, meine DNA weiterzugeben. Ich wollte einfach ein Kind, dem ich meine Liebe schenken konnte. Doch mein Mann und ich hatten immer wieder Rückschläge bei der Verwirklichung unseres Adoptionswunsches hinnehmen müssen. Es war wie verhext! Ich war inzwischen 40 geworden und sicher, dass meine biologische Uhr für ein eigenes Kind abgelaufen war. Damals las ich Bücher von Louise L. Hay.

Ich habe panische Angst davor, Brücken zu überqueren. Sie können sich also die Überraschung meiner Familie vorstellen, als ich ganz allein nach Rumänien flog, wo ich keine Menschenseele kannte. Aber Louise L. Hay hatte mir geholfen, mir über meine Bestimmung klarzuwerden, und ich wusste instinktiv, dass in diesem Land ein Kind auf mich wartete. Jeden Abend hörte ich mir eine von Louises Kassetten an. Wenn ich in der kleinen Wohnung, in der ich bei einer Familie einquartiert war, die kein Wort Englisch sprach, abends die Augen schloss, war es Louises Stimme, die mir half, Gefahr und Verzweiflung durchzustehen.

Nur wenige Leute werden sich vorstellen können, was ich dort in Rumänien tagtäglich zu Gesicht bekam: Säuglinge, die an Aids starben; Straßenkinder, die um Essen bettelten; schmutzige, schlecht beheizte, unbewohnbare Waisenhäuser für behinderte Kinder; unbewaffnet für die Freiheit demonstrierende Menschen, gegen die mit Panzern vorgegangen wurde.

Ich erkannte, wie viel wir in der »zivilisierten Welt« einfach für selbstverständlich halten. Aber stellen Sie sich meine Freude vor, als ich das kleine Kind fand, das auf mich gewartet hatte … ich nahm es mit nach Hause, und ein paar Jahre später flog ich noch einmal dorthin und holte ein zweites Kind.

Heute sind die beiden in Rumänien geborenen Kinder, die mein Mann und ich damals adoptierten, erwachsen. Unser Sohn musste sehr viele Schwierigkeiten überwinden. Er wurde als geistig zurückgeblieben eingestuft. Im siebten Schuljahr wurde von sogenannten Experten behauptet, er sei so stark hirngeschädigt, dass er niemals richtig lesen lernen, geschweige denn je seinen Highschool-Abschluss schaffen würde. Nun, seine Erfolge straften diese negativen Erwartungen Lügen: Er erzielte ausgezeichnete Noten in Englisch, Physik und Mathematik und schaffte nicht nur den Abschluss, sondern erhielt sogar ein College-Stipendium. Er hat sich dafür entschieden, zunächst zum Militär zu gehen, ehe er seine Ausbildung fortsetzt.

Unsere Tochter musste ebenfalls manche Herausforderungen bestehen, doch nun hat sie zwei Jobs und geht aufs College, wo sie sehr gute Noten erzielt.

Doreen Virtue

Flugangst

Als ich vor vielen Jahren als Psychotherapeutin arbeitete, kamen viele, viele Klienten zu mir, die an ausgeprägter Flugangst litten, unter ihnen sogar ein Reporter des lokalen Fernsehsenders in Nashville, Tennessee. Ich erwähne dies, weil ich zwar im Laufe der Jahre mit vielen nervösen und ängstlichen Flugpassagieren gearbeitet habe, die Situation heute aber völlig anders handhaben würde. Wo ich früher Hypnotherapie einsetzte, verlasse ich mich jetzt auf die heilenden Kräfte Gottes und der Engel.

Eine Frau namens Cristal Marie erlebte, wie Erzengel Michael sie ***während*** des Flugs beruhigte. Bemerkenswert dabei ist, dass sie Michaels Hilfe an seiner bezeichnenden warmen Energie erkannte. Sie erzählte Folgendes:

ICH HATTE GROSSE ANGST vor dem Fliegen. Auf jedem Flug begann ich sofort zu zittern, mein Mund wurde trocken, ich wurde leichenblass, und mir war angst und bange. Jedes Mal rief ich Engel und Feen an meine Seite, damit sie mir Zuversicht und Mut geben und ich mit der Situation umgehen konnte. Dank ihrer Hilfe beruhigte ich mich während der Flüge dann zwar ein wenig, doch wann immer das Flugzeug auch nur ein wenig ruckelte, kam die alte Angst mit ganzer Wucht zurück. Ich war überzeugt, dass mir keiner helfen konnte, und glaubte, dass die Engel und Feen letzten Endes doch nur ein Trugbild waren. Ich war verzweifelt, fühlte mich allein und war sicher, dass mir im Falle eines Absturzes niemand beistehen könnte.

Es war schrecklich!

All das änderte sich jedoch dank Erzengel Michael. Es geschah auf einem Flug von New York nach Santo Domingo, als die Turbulenzen so stark wurden, dass sich sogar die Stewardessen anschnallen mussten – und eine von ihnen in Tränen ausbrach! Das Flugzeug schien ins Nichts zu fallen, bis schließlich der Kapitän über Lautsprecher verkündete, dass vielleicht eine Notlandung in Kuba notwendig sei.

Während ich angeschnallt in meinem Sitz über meine Sterblichkeit nachdachte, rief ich Erzengel Michael um Schutz an. Wahrscheinlich war ich so schutzbedürftig, dass ich ihn schließlich klar und deutlich hörte. Er machte mir bewusst, dass ich eigentlich gar keine so große Angst vor einem Flugzeugabsturz habe, sondern vielmehr davor, die Kontrolle über alles und jeden in meinem Leben zu verlieren.

Er zeigte mir, dass ich die gleiche Angst vor Kontrollverlust zu Hause hatte, in meinem Job und in Beziehungen. Ich war zu einer paranoiden Frau geworden, die niemandem vertraute, nicht einmal den Menschen, von denen ich wusste, dass sie mich liebten. Alle meine Beziehungen litten unter dieser Angst, andere Menschen zu nahe an mich heranzulassen.

Im gleichen Moment beschloss ich, diese Situation zu ändern! Ich hatte mein Leben schon viel zu lange von der Angst kontrollieren lassen. Ich versuchte, die ganze Situation Gott und Erzengel Michael zu übergeben, stieß jedoch direkt in meine Angst vor Kontrollverlust hinein. Obwohl ich meine

Angst also endlich verstand, hatte ich das Gefühl, festzusitzen und unfähig zu sein, eine Heilung herbeizuführen.

Ironischerweise zwang mich ein anderer turbulenter Flug schließlich buchstäblich in die Knie, sodass ich endlich in der Lage war, mich durch Demut zu heilen. Die Maschine flog durch ein Unwetter mit Blitz und Donner, was bei mir eine ganz neue Dimension der Angst auslöste – bis ich endlich demütig genug war, Erzengel Michael um Hilfe zu bitten, damit ich meine Ängste loslassen konnte.

Im nächsten Augenblick fühlte ich plötzlich eine große innere Ruhe. Das Flugzeug war immer noch ein Spielball der Elemente, doch ich hatte nicht die geringste Angst. Ich fand es regelrecht albern, dass ich jemals Flugangst gehabt hatte!

Nach unserer Landung erklärte der Pilot, er sei überrascht, wie sanft diese erfolgt sei. Es hätte viel schlimmer kommen können, aber die Turbulenz habe nur halb so lang gedauert wie ursprünglich geschätzt. Ein dichter Nebel auf dem Flughafen schien sich zu lichten, als wir zur Landung ansetzten, doch kaum hatten wir den Boden berührt, als er die Stadt erneut einhüllte, und zwar so stark, dass die restlichen Flüge an diesem Tag gestrichen wurden.

Ich weiß, dass Erzengel Michael da war, weil ich mich von Hitze umgeben fühlte. Es war diese Hitze, die mir Mut gab, mich zum Lachen brachte und mir half, mich stärker zu fühlen. Für mich war das alles wie ein Wunder.

Auch heute werde ich beim Fliegen schnell nervös, doch weiß ich jetzt, dass dies in erster Linie von meiner *Erinnerung* an Angst herrührt. Dank Erzengel Michael bin ich nie wieder so paranoid gewesen wie früher. Er hat nicht nur meine Ängste beseitigt und den potenziell schlimmsten Flug meines Lebens erträglich gemacht, sondern mich außerdem von meiner Verbitterung geheilt. Er brannte meinen früheren Widerwillen zu vergeben förmlich weg.

Seit jenem Tag hat sich alles aufs Schönste zusammengefügt. Mein Leben ist heute völlig anders, ich habe zahlreiche neue Freunde und es gleichzeitig geschafft, die alten Freundschaften aufrechtzuerhalten. Ich habe einen neuen Job gefunden, der mir jeden Tag mehr Spaß macht, und ironischerweise hängt meine Arbeit voll und ganz von meiner Fähigkeit ab, denen zu vertrauen, die für mich verantwortlich sind.

Louise L. Hay

Selbstliebe

Am Anfang steht fast immer die Einsicht, dass wir uns selbst nicht lieben. Das trifft auf die meisten Menschen zu.

Die meisten Menschen halten sich für nicht gut genug, für unfähig und nicht liebenswert. Wenn wir so über uns selbst denken, ist es sehr schwer, Gutes zu erschaffen.

Als ich anfing, mit Menschen zu arbeiten, versuchte ich, ihre Probleme für sie zu lösen. Aber eines Tages entdeckte ich zu meinem Erstaunen, dass es völlig genügt, wenn ich Menschen dabei helfe, sich selbst lieben zu lernen, sich selbst so zu akzeptieren, wie sie sind. Dann muss man sich gar nicht mehr durch die Probleme durcharbeiten, denn wenn ein Mensch lernt, sich selbst zu lieben, geschehen Wunder, die Probleme fallen dann von ihm ab. Er wird frei.

Anfangs fällt es den Leuten sehr schwer, sich selbst zu akzeptieren, denn man vermittelt uns von Kind an, dass wir nicht gut genug sind. Ich weiß, dass ich die Leute sehr oft fragte: Was, glaubst du, stimmt nicht mit dir? Was hast du Schreckliches getan, weswegen du dich nicht lieben und akzeptieren kannst? Darauf erhielt ich nie, nie eine Antwort, die einen Sinn ergab. Sie sagten mir dann zum Beispiel: Ich bin zu dick. Na und? Viele Leute glauben, Selbstliebe sei Eitelkeit, aber das stimmt nicht. Damit hat es nichts zu tun. Eitelkeit ist narzisstisch.

Aber wenn wir uns selbst lieben und anerkennen, dass wir wertvolle Wesen sind, ist das so, wie es in der Bibel steht: Wir erkennen damit an, dass wir Kinder Gottes und deshalb vollkommen sind. Aber wir müssen dazu gar nicht religiös sein. Wenn wir ein gesundes Selbstwertgefühl entwickeln, gehen wir ganz anders mit uns um.

Das ist so wichtig an der Selbstliebe. Wir hören auf, uns selbst fertigzumachen und ständig Dinge zu uns zu sagen wie: Ich bin dumm, ich bin schrecklich. Wir fangen an, uns selbst mit einem gewissen Respekt zu behandeln. Das macht einen enormen Unterschied, denn was wir ins Universum ausstrahlen, kehrt wieder zu uns zurück.

Wenn du also ausstrahlst: Ich bin okay, ich bin gut genug, so wie ich bin, ich bin liebenswert, ich liebe das Leben und mich selbst; wenn du anfängst, für dich selbst und dein Leben Dankbarkeit zu empfinden, behandelt das Leben dich anders, weil du eine andere Schwingung ausstrahlst. Dann kommt dein Leben in Fluss. Natürlich braucht das etwas Übung. Am besten, Sie fangen gleich heute damit an. Und die Spiegelarbeit ist dabei sehr hilfreich.

Schauen Sie in den Spiegel, schauen Sie sich in die Augen und sagen Sie ganz einfach: *Ich liebe dich, ich liebe dich wirklich*. Es hilft, wenn Sie sich dabei mit Ihrem Vornamen anreden: *Louise, ich liebe dich, ich liebe dich wirklich*.

Damit sprechen Sie unmittelbar das kleine Kind in Ihnen an, das so lange Zeit vernachlässigt worden ist. Dadurch öffnet sich eine Art Damm oder ein Tor, dann ereignen sich richtige Wunder und viele gute Dinge geschehen.

Wie gesagt, das Universum liebt dankbare Menschen. Je dankbarer Sie sind, desto reicher werden Sie mit Dingen beschenkt, für die Sie dankbar sein können. So einfach ist das. Das Leben ist wirklich sehr einfach. Wir machen es überaus kompliziert, aber so muss es nicht sein.

Doreen Virtue

Rettung durch einen Traum

Wie Engel uns durch einen Traum schützen können, erlebte April Ziegler:

VOR VIELEN JAHREN lebte ich in Phoenix in Arizona. Ich bewohnte ein Apartment zusammen mit meinem damals einjährigen Sohn. Mein Mann und ich waren beide bei der Air Force.

Er war zu der Zeit gerade in Korea stationiert. Und in der Zeit, als mein Mann nicht da war, lebte ich als eine junge, alleinerziehende Mutter.

Mein Wohnkomplex war ein typisches zweigeschossiges Gebäude. Die Haustüren der Apartments gingen auf einen zentralen Innenhof mit Swimmingpool. Mein Apartment befand sich im zweiten Stock als letztes am Ende des Flurs, in der Nähe eines Treppenaufgangs, der von Bäumen und Kletterpflanzen überwachsen war.

Als junger Mensch hatte ich die Tendenz, mich leichtsinnig und nachlässig zu verhalten. Ich ließ die Wohnungstür oft unverschlossen und vergaß sogar nachts, sie abzuschließen, wenn ich ins Bett ging.

Es war an einem Freitagabend. Ich war völlig erledigt von der Arbeit und der Versorgung meines Sohnes Heath ins Bett gegangen. In dieser Nacht hatte ich einen äußerst merkwürdigen Traum. Es handelte sich nicht um so unzusammenhängende, verrückte Bilder, wie man sie manchmal hat, sondern es war mehr wie ein Film. In meinem Traum saß ich im Wohnzimmer. Mein Sofa zeigte zu der

Wand, wo sich die Haustür befand, und rechts davon stand der Fernseher. Im Traum, daran erinnere ich mich ganz genau, sah ich auf die Uhr an der Wand über dem Fernsehgerät. Es war ein Uhr morgens. Ich erinnere mich noch an die Beleuchtung im Raum, ein sehr sanftes gelbes Licht. Mein Sohn schlief fest in seiner Wiege im Nebenraum. Plötzlich flog die Tür auf! Ich sprang auf, um fortzulaufen, aber ein Fremder rannte auf mich zu und feuerte einen Schuss ab, der mich in den Bauch traf. Ich fiel auf den Boden.

Ich hörte, wie er zum Zimmer meines Sohnes lief. Er ballerte herum und weckte dadurch meinen Sohn auf, der zu schreien anfing. Dann fiel ein weiterer Schuss, und mein Kind schrie nicht mehr. Ich brachte es irgendwie fertig, beinahe wieder auf die Füße zu kommen, um meinem Sohn zu helfen. Doch bevor ich stand, kam der Fremde zurück ins Wohnzimmer, setzte mir sein Gewehr an den Kopf und schoss.

Ich wachte voller Entsetzen aus diesem Traum auf. Schließlich schlief ich wieder ein.

Am nächsten Tag war der Traum aus meinen Gedanken verschwunden, und mein Sohn und ich verbrachten den Samstag mit unserer üblichen Routine. Später am Abend brachte ich meinen Sohn ins Bett und machte es mir anschließend bequem. Ich saß auf dem Sofa und schaute Fernsehen. Nur ein kleines Licht brannte. Plötzlich hatte ich das Gefühl, als ob ich das alles schon einmal erlebt hätte: das Licht, die Art, wie ich saß – es kam mir alles so bekannt vor, aber ohne dass ich wusste, woher. In diesem Augenblick schaute ich auf die Uhr, und es war fast ein Uhr morgens, genauso wie in meinem Traum in der Nacht davor.

Unbewusst muss ich mich an den Traum erinnert haben, denn ich stand auf, ging zur Tür und schloss sie ab. Ich hatte mich noch nicht einmal ganz umgedreht, um zum Sofa zurückzugehen, als der Türknauf gedreht wurde, als versuchte jemand, die Tür zu öffnen. Ich legte sofort die Kette vor und lugte durch das Guckloch.

Das Außenlicht schien nicht zu brennen. Alles, was ich sehen konnte, war ein Mann, der sich an die Tür gelehnt hatte, als versuche er, sie mit dem Gewicht seines Körpers aufzudrücken.

Ich fragte ihn laut: »Was wollen Sie?« Er erwiderte: »Ich sehe nach, ob Sie die Zeitung bekommen haben.« Ich erwiderte: »Ich bekomme keine Zeitung.« Er sagte: »Ja, ich weiß. Mein Sohn trägt die Zeitung aus, und ich muss nachsehen, ob Sie Ihre bekommen haben. Kann ich reinkommen?« Ich trat ein Stück zurück und überlegte einen Augenblick lang. Dann erinnerte ich mich an das Gewehr meines Mannes. Ich rief dem Mann zu: »Ja, nur eine Minute.« Ich lief zum Schrank, holte das Gewehr, ein Repetiergewehr, richtete den Lauf auf die Tür, entsicherte (was ein unglaublich lautes Geräusch macht!) und sagte: »Alles klar. Sie können reinkommen!« Ich bemerkte, dass der Mann schnell über den Gang des zweiten Stocks rannte, denn ich hörte das laute Trappeln seiner Schuhe.

Ich wagte es nicht, meine Tür zu öffnen. Ich rief die Polizei an, und sie kamen zu meinem Apartment. Ich hatte so viel Angst, dass ich sie beinahe nicht hereinließ. Erst als ich durch die Vorhänge hinausschaute und sicher war, dass ein Polizeibeamter gekommen war, öffnete ich die Tür. Als ich hinauskam und dem Polizisten erklärte, was passiert war, sah er mich an, als hätte ich soeben im Lotto gewonnen. Er sagte: »Sie ahnen gar nicht, was für ein Glück Sie hatten.« Er erklärte dann, dass ein Mann bereits mehrfach in Apartments allein lebender Frauen eingedrungen sei, sie vergewaltigt, ausgeraubt und dann getötet habe. Meine Aussage, wie er versucht hatte, sich Zugang zu meiner Wohnung zu verschaffen, stimmte mit der einer anderen Überfallenen überein. Sie war von ihm angeschossen worden, hatte aber überlebt.

In diesem Augenblick realisierte ich, dass ich in meinem Traum in der Nacht zuvor alles gesehen hatte, was mir geschah – nur dass ich diesmal eine Sekunde vorher etwas anderes getan hatte als in meinem Traum: Ich stand auf und schloss die Tür ab. Ich erzählte dies dem Polizisten, und er meinte: »Sie müssen einen guten Schutzengel haben!«

Ich glaube, dass meine verstorbene Mutter für diesen Traum verantwortlich war und mir dadurch eine sehr klare Warnung zukommen ließ.

(*Anmerkung der Autorin:* Manchmal wissen wir, dass uns nahestehende Verstorbene für einen Traum verantwortlich sind, auch wenn wir sie in unseren Träumen nicht sehen können.)

Louise L. Hay

Die Saat ausbringen

Jennifer ist Sonderschullehrerin in Wisconsin. Was sie zu erzählen hat, ist eine Inspiration für jeden Tag unseres Lebens.

ALS *WUNDER* bezeichnet man Ereignisse, die den Naturgesetzen zu widersprechen scheinen und als direktes Eingreifen Gottes betrachtet werden. Ich kann wirklich sagen, dass diese Veränderungen in meinem Leben Wunder sind!

Bevor ich Louise für mich entdeckte, war meine Beziehung zu Gott schwach und distanziert geworden. Ich litt an starken Stimmungsschwankungen, schweren Depressionen und quälenden Migräneanfällen. Seit der Kindheit machten mir Verlustängste und Einsamkeitsgefühle zu schaffen. Das hatte zur Folge, dass meine Liebesfähigkeit stark beeinträchtigt war. Schuldgefühle, Selbstzweifel, mangelndes Vertrauen in mich selbst und andere Menschen waren meine ständigen Begleiter.

Ich suchte nach Linderung und stieß dabei auf *Gesundheit für Körper und Seele*. Dieses Buch verdeutlichte mir, dass andere Menschen mich nur dann lieben konnten, wenn ich mich selbst lieben lernte. Louise zeigte mir, mich selbst so zu sehen und mich dann so zu lieben, wie Gott mich sieht und liebt. Louise lehrte mich, meinen Eltern zu vergeben und sie in einem neuen Licht zu sehen. Als ich lernte, wie man überlebt, statt sich als Opfer zu fühlen, fielen Jahre der Traurigkeit von mir ab.

Louise zeigte mir, wie sehr die Liebe zu uns selbst uns stärkt. Ich erfuhr, wie viel Kraft dadurch freigesetzt werden kann. Das also ist das Wunder, das mir geschenkt wurde: Ich liebe mich selbst!

Das ist keine Floskel und keine Schönfärberei – es ist die Wahrheit! Und ich lasse andere an Louises Geschenken teilhaben: Bei der Arbeit mit meinen Sonderschülern vergeht kein Tag, ohne dass ich Louises Worte und Weisheiten nicht in der einen oder anderen Form an sie weitergebe. Ich bitte meine Schüler sogar, sich Louises kraftvollen Affirmationen ins Tagebuch zu schreiben, was ihr Selbstvertrauen und ihre Zuversicht sehr stärkt. Manche Schüler, die zu Beginn des Schuljahres mit sehr düsterer, negativer Weltsicht in meine Klasse kommen, entdecken innerhalb weniger Monate die Kraft des positiven Denkens für sich. Damit sind die Samen gesät!

Louise, Sie haben mir das Leben gerettet. Ihnen verdanke ich es, dass mein Leben nicht mehr von Depression und Unsicherheit beherrscht ist. Ich bin jetzt in der Lage, der wundervolle Mensch zu sein, der ich früher nur in meinen Träumen war. Ich bin jetzt in der Lage, liebevolle Beziehungen zu mir selbst, zu Gott und meinen Freunden und Verwandten zu pflegen (einschließlich meiner Mutter, die ich jahrelang gehasst habe). Ich lebe Ihre Philosophie und bin dadurch zum Vorbild für meine Lieben, meine Kollegen und Schüler geworden. Ich bin in der Lage, das Leben zu genießen und mich für all die Schönheit ringsumher zu öffnen. Ich bin fest überzeugt, dass ich es verdiene, glücklich zu sein. Und ich kann lächeln und meine es wirklich.

Louise, Ihr Buch hat mir geholfen, allen Schmerz, alle seelischen Wunden in meinem Leben zu heilen. Ich bin der lebende Beweis dafür, was geschieht, wenn man Ihre Worte in die Praxis umsetzt und sich aufrichtig selbst liebt!

Doreen Virtue

Das Einhorn

Freitagabends gab ich in der Regel den Teilnehmern meiner Seminare Readings. Ich genoss es, unterwegs zu sein und neue Menschen kennenzulernen, und ganz besonders genoss ich es, Readings zu geben.

Zum einen lernte ich dabei von jedem meiner Klienten etwas. Die Engel und Verstorbenen lehrten mich immer eine Menge über das Leben und den Tod. Außerdem entdeckte ich dabei, dass viele Menschen Elementarwesen als Führer oder Schutzengel haben. Zum Beispiel huschen den als Menschen inkarnierten Elementarwesen oftmals mehrere Feen um die Schultern, und die Menschen, zu deren Lebensaufgabe es gehört, der Umwelt, den Tieren und Pflanzen zu helfen, sind immer von Elementarwesen umgeben.

EINMAL GAB ICH einer jungen Studentin ein Engel-Reading. Sie hatte wissen wollen, wer ihre Führer in der geistigen Welt sind, also versetzte ich mich in eine Halbtrance und tastete geistig ihren Kopf und ihre Schultern ab, um ihre Führer und Engel zu identifizieren. Sie hatte eine Auswahl verstorbener Verwandter um sich, die wir als ihre Mutter, ihre Großmutter mütterlicherseits und einen Onkel väterlicherseits identifizierten. Sie war zutiefst dankbar dafür, mit ihrer Mutter sprechen zu können, und ihr Gesicht erstrahlte in einem glückseligen Lächeln. Dann stimmte ich mich wieder ein, um zu sehen, wer sonst noch bei ihr war, als mir plötzlich beinahe der Atem stockte. »O mein Gott! Sie haben ein Einhorn bei sich!«

Das Einhorn war weißlich blau, von beinahe schimmernder Farbe. Es war klein, von den Hufen bis zum Ohr nicht mehr als einen Meter hoch. Und mitten auf der Stirn spross sein magisches Horn. Das war kein verstorbenes Pony, das die Nähe seiner früheren Besitzerin suchte, so wie es die meisten Haustiere nach ihrem Tod tun. Nein, dies war ein echtes Einhorn!

Ich fragte sie: »Mögen Sie Einhörner?«

»O ja, sehr sogar!«, rief sie überrascht aus.

Ich erhielt eine hellfühlige Botschaft, die mir signalisierte, dass das Einhorn eben deshalb bei ihr war, weil sie für diese Tiere eine besondere Liebe empfand.

☆☆☆

So, wie Menschen, die Engel lieben, in der Regel viele Schutzengel in ihrer Nähe haben, gilt das Gleiche für diejenigen, die Einhörner lieben. Ich habe seit jenem Tag bei Dutzenden anderer Menschen Einhörner gesehen. Wenn sie auch seltener auftreten als Engel und Feen, so sind Einhörner doch in einer höheren Dimension definitiv real.

Ich entdeckte mehr und mehr, dass viele der sogenannten mythischen Geschöpfe wirklich existieren. Sie befinden sich auf einer Ebene, die eine höhere Schwingung hat als unsere physische Dimension, was der Grund dafür ist, dass unsere Augen diese Wesen normalerweise nicht entdecken.

Ich fragte mich, ob Einhörner einmal auf der Erde gelebt haben, dann vernichtet wurden und ausgestorben sind – und heute nur noch in der Geisterwelt auftauchen. Mir fielen die vielen Renaissancegemälde ein, die ich gesehen hatte und auf denen Einhörner als reale Tiere dargestellt sind. Vielleicht waren die Maler vergangener Jahrhunderte hellsichtiger auf die geistige Welt eingestimmt als wir heute.

Louise L. Hay

Eine Wiedergeburt

Wir können uns an jedem Tag des Lebens neu erfinden, wenn wir liebevolle Verantwortung für uns selbst übernehmen, wie es April aus Georgia getan hat, die mir Folgendes erzählte.

ICH WAR EINE SCHWARZSEHERIN, streitsüchtig und ohne Hoffnung – bis ich vor vier Jahren Hay House entdeckte. Manche lernen ihre Lebenslektionen auf die leichte Art, andere (zu denen ich gehöre) müssen einen inneren Krieg ausfechten und gewinnen. Es ist so unglaublich naiv anzunehmen, wir könnten unsere Dämonen durch Selbsthass, ein Pappschwert und schlechte Laune besiegen. Dadurch verschlimmern wir die Probleme nur zusätzlich und versinken immer tiefer im Treibsand unserer dunkleren Wesenszüge.

Ich hatte den größten Teil meines Lebens damit zugebracht, nach spirituellem Halt zu suchen. Fast zwanzig Jahre voller selbst verursachtem Schmerz dauerte es, bis ich meinen Platz in der Welt fand und lernte, mich selbst zu lieben und zu akzeptieren. Als junge Erwachsene wurde bei mir eine bipolare Persönlichkeitsstörung diagnostiziert, und ich führte ein chaotisches Leben, ohne mich um die Spur der Verwüstung zu kümmern, die ich links und rechts meines Weges zurückließ. Der Wind des von mir erzeugten Chaos wirbelte ständig so viel Staub auf, dass ich überhaupt nicht klar sehen konnte. Die wirkliche Reise begann erst, als ich bereit war, mich meiner Krankheit zu stellen und die Verantwortung für mein Leben zu übernehmen.

Ich stolperte durch die Dunkelheit auf einen kleinen Lichtpunkt am Horizont zu und fand Samen der Hoffnung, ausgestreut in Gestalt von schriftstellerischer Prosa. Dr. Wayne Dyer forderte mich dazu heraus, mein Denken zu ändern, und inspirierte mich, meine wahre Bestimmung zu entdecken – Schriftstellerin zu werden. Deepak Chopra lehrte mich, mein Leben ohne falsche Begrenzungen zu leben. Er ermöglichte es mir, die Kraft meiner Intuition zu entdecken und dann demütig zu akzeptieren. Und Doreen Virtues *Engel-Therapie*-Orakelkarten wurden zentraler Bestandteil meines Weges zur Selbstheilung. Der tief greifende Einfluss jedoch, den Louise L. Hay auf mein Leben hatte, beschränkte sich nicht auf die Lektüre ihrer Bücher.

Meine Heilungsreise wurde aus einer traumatischen Kindheit geboren. Als Teenager litt ich unter schweren Angstzuständen und Depressionen. Mein Leben als junge Erwachsene war von Sucht, Selbstmordversuchen und psychischer Erkrankung überschattet. Aus diesem unreinen Embryo wurde mein neues Leben geboren. Und wie sollte es auch anders sein? Louise verhalf mir zu der Einsicht, dass ich meinen Körper nur heilen konnte, wenn ich zunächst meinen Geist heilte. Ich musste zunächst alte Schichten von meiner Persönlichkeit abschälen, um jene Reinheit zu finden, die durch ein Leben voller dunkler Einflüsse beschmutzt worden war. Mein von Louise geweckter Glaube an das Leben war die treibende Kraft hinter meiner bemerkenswerten Erholung von der bipolaren Störung – er bewirkte nicht weniger als eine Wiedergeburt meines Geistes, meines Körpers und meiner Seele!

Louises Vision half mir, meine eigene zu finden. Ihr dafür Danke zu sagen wäre nicht genug. Also wiederhole ich einfach ihre Worte, die mich anspornten, endlich meine selbst auferlegten Grenzen hinter mir zu lassen und zu meinem Authentischen Selbst zu finden:

»Wenn Sie einen einengenden Glaubenssatz akzeptieren, wird er für Sie zur Wahrheit.«

Doreen Virtue

Eine himmlische Stimme

Verlaine Lane aus Kansas erzählte mir von einer Engelstimme, die sie rettete. Eine Stimme, die wir alle hören können. Und so berichtet Verlaine:

ES WAR WINTER. Das Wetter in Kansas war an diesem Tag kalt und klar. Ich hatte einen Arzttermin in dem zwei Stunden von meinem Haus entfernt gelegenen Krankenhaus.

Mein zwei Jahre alter Sohn saß auf dem Beifahrersitz unseres Toyota Allrad, Baujahr 1986. Ich bemerkte, dass der Himmel sich bewölkte und verdunkelte, obwohl es noch vor einer Stunde sonnig gewesen war, als wir losfuhren. Bevor wir auf die Interstate 70 fuhren, war es, als fiele ein dichter Vorhang vor uns herunter.

Ich war überrascht, dass es so heftig schneite, dass ich nichts mehr sehen konnte. Ich fuhr langsamer und überlegte, ob ich nicht besser umkehren und nach Hause fahren sollte. Doch ich fuhr weiter, weil ich über zwei Monate auf diesen Termin gewartet hatte. Außerdem hatten wir schon beinahe die Hälfte des Weges hinter uns. Ich fuhr also langsamer und kroch die Straße entlang, bis wir zur Autobahnauffahrt gelangten, denn ich war mir sicher, dass es jede Minute aufklaren würde. Doch das tat es nicht.

Kurz nachdem wir auf der Interstate 70 Richtung Osten entlangfuhren, sah ich überall neben der Fahrbahn liegen gebliebene Autos, und die Achtzehntonner fuhren im Kriechtempo. Ich hatte den Allradantrieb angeschaltet und sagte zu meinem kleinen Sohn, dass mit uns nichts passieren würde. Ich musste über eine Brückenüberführung, und als ich mit den Rädern auf die Fugen des Straßenbelags kam, fing der Toyota auf dem Eis an zu rutschen.

Als er ins Schleudern geriet, war das Letzte, was ich sah, dass mein Kind seinen Sicherheitsgurt gelöst hatte! Ich streckte meine rechte Hand nach ihm aus und griff sein linkes Handgelenk, während ich mit meiner linken Hand gegensteuerte. Ich konnte nicht die Kontrolle über das Fahrzeug bekommen, aber ich konnte auch nicht meinen kleinen Sohn loslassen.

Ich hörte eine männliche Stimme ganz deutlich sagen: »Halte den Jungen fest, lass das Lenkrad los und schließe deine Augen.« Ich nahm mir keine Zeit, darüber nachzudenken, wer da zu mir gesprochen hatte; ich tat einfach, was mir gesagt wurde.

Als ich meine Augen öffnete, zog ein Mann mit einem Ruck meine Fahrertür auf und fragte, ob ich in Ordnung sei. Unser Toyota war über die Leitplanke geraten und die gesamte Länge des Betonstreifens entlanggeschlittert, als führe er auf Schienen. Ich versicherte dem fremden Mann, dass uns nichts passiert wäre, und er sagte, er würde Hilfe holen. Das Verwunderlichste von allem aber war, dass mein Wagen nicht eine einzige Beule oder einen Kratzer hatte!

Die ersten Worte meines Kleinen waren: »Wow, Mama.« Dabei klatschte er in die Hände.

Während ich auf die Hilfe wartete, versuchte ich herauszufinden, wer mir diese Worte gesagt hatte, als mir mein Auto außer Kontrolle geriet. Es war die heiterste, festeste männliche Stimme, die ich je gehört hatte. So ruhig und besänftigend. Ich dachte daran, dass ich getan hatte, was mir gesagt wurde, und ich fühlte mich von einem Gefühl des Friedens und der Liebe umhüllt. Es war, als würden mein Sohn und ich in einer riesigen Umarmung festgehalten.

Wir kamen noch zu meinem Arzttermin, und als ich dem Arzt (der ein Golfpartner unseres Familienpfarrers war) erzählte, was passiert war, sagte er: »Ist Ihnen klar, dass Sie heute einem Engel begegnet sind?« Ich konnte nur nicken.

Obwohl es bereits viele Jahre her ist, werde ich die liebevolle Führung, die mir an diesem eisigen März-morgen zuteilwurde, nie vergessen.

Louise L. Hay

Wahl zwischen Liebe und Angst

Ich glaube, dass wir in jeder Lebenssituation immer die Wahl haben zwischen Liebe und Angst. Wir haben Angst vor Veränderungen und Angst davor, dass sich nichts ändert. Wir haben Angst vor der Zukunft und davor, etwas Neues zu wagen. Wir fürchten uns vor Nähe und wir fürchten uns vor dem Alleinsein. Wir fürchten uns davor, anderen offen zu zeigen, wer wir sind und welche Bedürfnisse wir haben, und wir fürchten uns davor, uns von der Vergangenheit zu lösen.

Am anderen Ende des Spektrums ist unsere Liebe. Liebe ist das Wunder, nach dem wir alle suchen. Selbstliebe bewirkt in unserem Leben wahre Wunder. Damit meine ich nicht Eitelkeit oder Arroganz, denn das ist keine Liebe. Das ist Angst. Ich meine große Selbstachtung und Dankbarkeit für das Wunder unseres Körpers und Bewusstseins.

Rufen Sie sich immer dann, wenn Sie ängstlich sind, ins Gedächtnis, dass Sie sich momentan nicht im Zustand der Selbstliebe und des Selbstvertrauens befinden.

Wenn wir uns »nicht gut genug« fühlen, fällt es uns schwer, gute Entscheidungen zu treffen. Welche Entscheidungsgrundlage haben Sie denn, wenn Sie sich Ihrer selbst nicht sicher sind?

Nicht die Angst an sich ist problematisch, sondern die Art und Weise, wie wir an ihr *festhalten*. Wir können aus einer Position der Stärke oder einer Position der Hilflosigkeit mit der Angst umgehen. Die Angst an sich wird damit irrelevant.

Wir sehen, was wir für das Problem halten, und dann finden wir heraus, worin das *wahre* Problem besteht. Die wahren Probleme sind, dass wir uns »nicht gut genug« fühlen und dass es uns an Selbstliebe fehlt.

Emotionale Probleme sind für uns am schmerzhaftesten. Gelegentlich fühlen wir uns alle einmal wütend, traurig, einsam, schuldig, ängstlich oder nervös. Wenn wir uns allerdings von diesen Gefühlen beherrschen lassen, kann unser Leben zu einem emotionalen Schlachtfeld werden.

Wie wir mit unseren Gefühlen *umgehen*, darauf kommt es an. Agieren wir negative Gefühle aus? Bestrafen wir andere oder zwingen ihnen unseren Willen auf? Verhalten wir uns missbräuchlich oder destruktiv uns selbst gegenüber?

Solchen Problemen liegt oftmals der Glaube zugrunde, wir wären *nicht gut genug*. Eine gute geistige Gesundheit beginnt mit der *Selbstliebe*. Erst wenn wir uns selbst wirklich lieben und wertschätzen – unsere guten und die sogenannten schlechten Eigenschaften –, wird Veränderung möglich.

Zur Selbstakzeptanz gehört es, dass wir uns freimachen von den Urteilen anderer Menschen. Vieles, was wir von uns selbst glauben, entbehrt jeder wahren Grundlage.

ICH HATTE ZUM BEISPIEL vor einigen Jahren einen Klienten namens Eric. Er war sehr attraktiv und verdiente seinen Lebensunterhalt als Fotomodell. Er erzählte mir, wie schwer es ihm fiel, ins Fitnessstudio zu gehen, weil er sich so hässlich fühlte.

Während ich mit ihm arbeitete, erinnerte er sich, dass ihn in der Kindheit ein Nachbarsjunge als hässlich beschimpft hatte. Dieser Junge verprügelte ihn außerdem regelmäßig und bedrohte ihn. Um in Ruhe gelassen zu werden und sich sicher zu fühlen, begann sich Eric zu verstecken. Er übernahm die Idee, nicht gut genug zu sein. Von nun an hielt er es für eine *Tatsache*, hässlich zu sein.

Durch Selbstliebe und mithilfe positiver Affirmationen verbesserte sich Erics Leben ganz enorm. Hin und wieder machen sich die alten Ängste noch bemerkbar, aber nun kennt er wirkungsvolle Heilmethoden, mit denen er arbeiten kann.

Denken Sie daran, dass Minderwertigkeitsgefühle immer mit negativen Gedanken beginnen. Doch diese Gedanken haben keine Macht über uns, solange wir sie ihnen nicht selbst verleihen. Gedanken sind lediglich aneinandergereihte Worte. Sie haben *an sich überhaupt keine Bedeutung*. Nur *wir selbst* verleihen ihnen Bedeutung, indem wir uns immer wieder auf die negativen Botschaften konzentrieren und sie als wahr akzeptieren.

Wir glauben das Schlimmste über uns selbst. Doch wir selbst wählen diese Glaubenssätze aus.

Wir sind immer vollkommen und schön und wir wandeln uns unaufhörlich. Wir geben unser Bestes auf der Grundlage des Wissens, der Einsicht und der Bewusstheit, die uns gegenwärtig zugänglich sind. Während wir wachsen und uns mehr und mehr verändern, wird das Beste in uns nur noch besser und besser werden.

Doreen Virtue

Führung der Engel

Meine Klientin Sandra Smith erzählte mir die folgende Geschichte über Führung durch die Engel, die ich besonders tröstlich finde. Und so berichtete Sandra mir:

ICH WAR IN SANTA FE und nahm gerade an einem Kurs über Massagetherapie und Spiritualität teil. In der Nacht hatte ich plötzlich das starke Bedürfnis, meine Mutter anzurufen und nach meinem Vater zu fragen. Als meine Mutter ans Telefon kam, sagte sie mir, dass mein Vater erkrankt sei und dass sie ihn in den nächsten Tagen in die Krebsklinik nach Temple in Texas bringen würde.

Ich wundere mich immer noch, dass ich genau zu dieser Zeit zu Hause anrief, aber ich denke, die spirituelle Arbeit in diesem Kurs hatte mich für die Führung meiner Engel geöffnet.

Am nächsten Abend kehrte ich nach Arizona zurück und hatte meine erste Traumbegegnung mit Engeln. Die beiden Engel in meinem Traum waren sehr groß und hatten Flügel. Sie waren weiß, und goldenes Licht ging von ihren Flügeln und Körpern aus. Ich hatte den Eindruck, dass es sehr starke, männliche Engel waren. Ich kann mich nur an das Gesicht des einen von ihnen erinnern. Es wurde gedämpft vom Schein des goldenen Lichts, das von ihm ausging.

Einige Wochen später hatte ich einen weiteren Traum, in dem diese beiden Engel erschienen und mir sagten, ich müsse am Morgen zu meinem Vater ins Krankenhaus nach Temple fliegen. Die Worte, die ich vernahm, kamen nicht wirklich von ihren

Lippen, sondern vermittelten sich mir auf geistigem Wege. So etwas war mir noch nie zuvor passiert. Ich wusste nicht einmal genau, warum ich am nächsten Morgen fuhr, und mein Mann wusste es auch nicht. Ich rief jemanden an, der auf meine Kinder aufpassen sollte, und dann machte ich mich auf den Weg. Als ich im Krankenhaus ankam, fand ich meine Mutter an einem Münztelefon. Sie war dabei, mich anzurufen, um mir zu sagen, dass mein Vater einen Gehirntumor habe und in den nächsten Tagen operiert werden müsse. Sie wäre ganz alleine gewesen, wenn ich nicht hingeflogen wäre.

Mein Vater wurde operiert, und es war schlimmer, als wir erwartet hatten. Die Ärzte sagten, mein Vater würde vermutlich nur noch zwei bis vier Monate lang leben. In dieser Nacht kamen die beiden Engel wieder. Dieses Mal sagten sie mir, ich solle meine Kinder holen und den Sommer über von Arizona in Vaters Haus nach Oklahoma ziehen. Die Ärzte hatten noch nicht einmal davon gesprochen, wie sie meinen Vater weiterbehandeln wollten, und der Gedanke an einen langen heißen Sommer in Oklahoma war nicht gerade angenehm. Außerdem kam noch hinzu, dass mich dieser Mann als Kind misshandelt hatte. Ich war mir nicht wirklich sicher, ob ich ihm das geben wollte, was ich selbst immer vermisst hatte.

Am nächsten Morgen informierten uns die Ärzte, dass mein Vater zwei Möglichkeiten habe. Entweder wir nähmen ihn mit nach Hause und ließen ihn dort innerhalb der nächsten zwei Monate in Ruhe sterben, oder wir brächten ihn in ein Pflegeheim, wo er mit der Hoffnung, noch vier Monate zu leben, einer Chemotherapie unterzogen würde. Ich kannte meine Antwort bereits. Ich sagte zu meiner Mutter: »Bis bald in Oklahoma. Ich hole die Kinder, fliege dorthin und bereite im Haus alles vor.«

Die nächsten Monate waren so, als würde ich ein privates Therapieprogramm absolvieren. Ich verbrachte Stunden damit, Verletzungen aus der Vergangenheit aufzuarbeiten und loszulassen, indem ich meinem Vater Fragen über sein früheres Verhalten stellte. Ich hätte nie die Antworten bekommen und den damit verbundenen Heilungsprozess erlebt, wenn ich dem Rat der Engel nicht gefolgt wäre.

Gegen Ende des zweiten Monats beschloss ich, mit meinem Mann und meinen Kindern Urlaub zu machen. Wir fuhren ans Meer und gönnten uns eine Zeit der wundervollen und dringend benötigten Erholung. Doch eines Nachts während unserer Ferien kamen die Engel wieder in meinen Traum. Sie sagten mir, ich müsse am Morgen nach Oklahoma fahren. Als ich meine Mutter am nächsten Morgen anrief, um ihr zu sagen, dass ich kommen würde, teilte sie mir mit, dass mein Vater in dieser Nacht ins Koma gefallen sei.

Am nächsten Tag kam ich in Oklahoma an. An diesem Abend waren meine Schwester, meine Mutter und ich das erste Mal in den zwei Monaten, die ich in Oklahoma gewesen war, gemeinsam anwesend. Auf einmal schien die Energie im Raum sich zu verändern. Starke Schwingungen erfüllten den Raum um uns herum, als mein Vater starb.

Ich kann nicht sagen, warum ich den Anweisungen der Engel gefolgt bin. Bis zu der Zeit hatte ich niemals etwas von ihnen wahrgenommen. Doch was ich im Gegenzug erhalten habe, war ein unbezahlbares Geschenk. Ich habe Teile meiner Seele wieder zusammengefügt, etwas, was ich bitter nötig hatte. Ich habe mich mit einem Mann ausgesöhnt, auf den ich lange Zeit sehr wütend war. Heute denke ich mit großer Liebe und Zuneigung an ihn, und manchmal danke ich ihm sogar für die Kindheit, die ich hatte. Ich erhielt Hilfe von Gott und der liebevollen Führung der Engel, um zu verstehen, was für ein wichtiger Mensch ich bin und dass meine schwierigen Anfangsjahre mich am Ende zu dem liebevollen Menschen machten, der ich heute bin.

Louise L. Hay

Der Ruf meiner Seele

Aus Spanien schrieb mir die Studentin Marina ihre Geschichte, die uns allen zeigt, dass unsere Seele immer ruft. Wir müssen nur anfangen, auf sie zu hören.

ICH ERINNERE MICH noch genau, wie ich mit 23 Jahren zum ersten Mal ein Buch von Louise entdeckte. Ich war damals bei einer Freundin zu Besuch und rief laut: »Bitte, ich brauche Hilfe!« Ich blickte zum Bücherregal, und da stand es! Das war erst der Anfang – später entdeckte ich, dass es überall Wunder gibt.

In jener Phase meines Lebens war ich verzweifelt. Ich litt seit über einem Jahr an Depressionen, und von Kind an machten mir Magersucht und Bulimie zu schaffen. Mein Leben schien eine einzige Katastrophe zu sein. An nur einem Wochenende las ich Louises Buch komplett durch. Das war ein ziemlicher Schock für mich. Niemand hatte mir je gesagt, dass meine Gedanken schöpferisch sind. Anfangs wurde ich richtig wütend, denn es fiel mir sehr schwer, diese Idee zu akzeptieren. Doch zugleich war ich fasziniert, denn mir schien, dass daraus viel Gutes entstehen konnte, wenn ich es nur einmal ernsthaft versuchte.

Der nächste Schritt bestand darin, mir das Buch selbst zu kaufen und Louises Affirmationen anzuwenden. Am schwersten fiel mir der Satz »Ich liebe mich«. Das ist ein kurzes Statement, aber es zu akzeptieren kann für unseren Geist ziemlich hart sein. Mit der Zeit erkannte ich, dass ich meine Depression und meine Essstörung nur überwinden würde, wenn ich endlich anfing, mich selbst zu lieben. Und das setzte ich dann auch wirklich in die Tat um!

Ich kann Ihnen versichern, dass seither die Probleme, die mich einst so quälten, dauerhaft verschwunden sind. Wenn ich nun bemerke, dass mein Essverhalten wieder etwas aus dem Gleichgewicht gerät oder ich nur schwer mit einer Situation zurechtkomme, weiß ich, dass ich deshalb keine Angst haben muss, sondern dass es ein Weckruf für meine Seele ist. Louises Affirmationen halfen mir zu erkennen, dass es keinen Grund gibt, mich selbst zu hassen oder zu bestrafen.

Doreen Virtue

Engel des Herzens

Engel begegnen uns in vielen Gestalten. Susan Samson hatte eine solche Begegnung, von der sie mir erzählte und die uns allen Trost und Hoffnung geben kann.

VOR VIELEN JAHREN wachte ich im Alter von 44 Jahren nachts um 4.30 Uhr mit starken Schmerzen in der Brust auf. Die Schmerzen waren so schlimm, dass mein Mann die Ambulanz verständigte. Mehrere Sanitäter kamen und bestätigten, dass ich einen Herzinfarkt hatte. Sie teilten dies meinem Ehemann mit, aber sie beschlossen, es mir nicht zu sagen. Auf der Fahrt zum Krankenhaus sagte ich zu den Sanitätern, dass ich das Gefühl hätte zu sterben und dass sie sich so seltsam und weit weg anhörten. In diesem Augenblick ließ ich los und starb.

Ich hörte, wie die Sanitäter sich rasche Anweisungen zuwarfen. Ich beobachtete eine Sanitäterin, eine große blonde Frau, die laut schrie: »Nicht mit mir!«, während sie mit Wiederbelebungsversuchen begann. Ich sah, dass sie meinen Brustkorb presste, und war irgendwie überrascht, dass ich nichts davon spürte. Ich wurde schließlich wiederbelebt und kam mit Blaulicht ins städtische Krankenhaus.

In der Notaufnahme war ich kurz bei Bewusstsein, und dann verlor ich das Bewusstsein wieder, während drei Ärzte und mehrere Krankenschwestern sich um mich bemühten. Man verabreichte mir Betablocker. Die Ärzte sagten meinem Mann, er solle die übrigen Familienmitglieder benachrichtigen, damit sie sich von mir verabschieden könnten. Als die Betablocker in meinem Organismus zu wirken begannen, spürte ich eine extreme, bis in die Knochen gehende Kälte. Dies war die schlimmste Kälte, die ich je gefühlt habe.

Immer noch nicht auf dem Laufenden über den Ernst und die Einzelheiten meines Gesundheitszustands, begann ich mit einer Schwester zu sprechen, die freundlich lächelte und meine Hand hielt. Sie war von mittlerer Größe und hatte etwas Mütterliches an sich. Sie trug nicht die übliche Schwesternkleidung, was ich in meinem verwirrten Zustand jedoch nicht weiter hinterfragte. Sie sagte mir, dass ich tatsächlich einen Herzinfarkt gehabt habe, dass er jetzt aber vorbei sei und dass ich nie wieder einen haben würde. Diese Nachricht beruhigte mich enorm, und ich schlief endlich ein.

Als ich wach wurde, befand ich mich auf der Intensivstation des Krankenhauses, und der Arzt fragte mich, in welche Klinik ich für meine Herzoperation gehen wolle. Er teilte mir mit, dass mein Gesundheitszustand sehr kritisch sei. Normalerweise würden sie eine Operation erst für den folgenden Tag ansetzen, doch bei mir bestand die Gefahr, dass ich jederzeit wieder einen lebensgefährlichen Infarkt bekommen konnte. Ein Helikopter würde bald auf dem Dach des Krankenhauses landen und mich zu einer sofortigen Operation in eine 50 Kilometer entfernte Stadt bringen.

Natürlich war ich ziemlich verwirrt über diese Mitteilung, denn die Schwester hatte mir doch versichert, ich würde nie wieder einen Herzinfarkt haben. Zur Vorbereitung auf die Operation wurde ich noch einmal gründlich im Herzlabor durchgecheckt. Obwohl mein Herz zu 40 Prozent nicht mehr arbeitete, waren die Ärzte doch sehr erstaunt, als sie entdeckten, dass keine Blockade zurückgeblieben war und damit keine Notwendigkeit mehr für eine Operation bestand.

Eine Woche später wurde ich entlassen. Der Arzt sagte mir, mit der Zeit würde ein Teil des geschädigten Herzens wahrscheinlich heilen, doch ein Schaden von 15 bis 20 Prozent am Herzmuskel würde wohl bleiben.

Einige Wochen später kam ich wieder in das Krankenhaus, um mich einem Belastungstest zu unterziehen. Ich wollte bei der Gelegenheit unbedingt die Schwester sprechen, die mich so beruhigt hatte. Ich sah mir alle Gesichter an und fand auch einige der Schwestern, die in jener Nacht bei mir gewesen waren. Sie versicherten mir, dass eine Schwester, wie ich sie ihnen beschrieb, in jener Nacht nicht bei mir im Zimmer gewesen war. Ich erfuhr ebenfalls, dass keine der Schwestern mir so eine Prognose gegeben hätte, da mein Zustand zu jener Zeit äußerst schlecht war.

15 Monate später entließ mich mein Kardiologe und sagte mir, wie erstaunt er sei, dass mein Herzmuskel keinen Schaden mehr aufweise. Er meinte: »Was immer Sie auch gemacht haben, es hat funktioniert!«

Seit der Zeit hatte ich andere, kleinere Operationen im Krankenhaus und hatte die Ärzte immer darüber zu informieren, dass ich einen Herzinfarkt gehabt hatte. Das überrascht sie jedes Mal, denn mein EKG zeigt überhaupt keine Probleme mit meinem Herzen. Sie fragten mich sogar, ob ich mir dessen ganz sicher sei.

Worüber ich mir ganz sicher bin, ist, dass diese freundliche Schwester mein persönlicher Schutzengel war!

Louise L. Hay

Wie ich meine Kraft zurückgewann

Von einer karibischen Insel schrieb mir Christopher eine inspirierende Geschichte über den Neustart seines Lebens, der uns allen gelingen kann.

ALS KLEINER JUNGE schätzte und respektierte ich das Leben. Ich liebte die kleine Insel, auf der ich geboren wurde. Ihre Pflanzen und Tiere waren mir teuer. Ich mochte keine gewalttätigen Spiele und Kämpfe mit meinen Altersgenossen.

Meine Mutter erzählte mir, ich hätte, als ich klein war, jeden Morgen nach dem Aufwachen gesungen. Ich glaubte, dass die Welt schön ist.

Im Alter zwischen drei und acht Jahren machte ich jedoch mehrere Erfahrungen, die bewirkten, dass ich mich emotional verschloss. Ich kann mich nicht mehr an alles erinnern, was damals geschah, aber ich weiß noch, dass ich zusammen mit zwei Mädchen, die doppelt so alt waren wie ich, nackt in einem großen Karton erwischt wurde. Ich erinnere mich noch lebhaft an die Strafe, die ich dafür erhielt: Ich musste auf einem Stahlrost knien, der über einem Abwasserkanal genau hinter der Tür zu unserem Hof lag. Der Schaden, den das meinem Selbstwertgefühl zufügte, zeigte sich jedoch erst viele Jahre später.

Ich vergrub die schamvolle Erinnerung ganz tief in mir, bis ich im Alter von 24 Jahren in die Psychiatrie eingeliefert wurde, wo man bei mir eine bipolare Störung diagnostizierte. Mein Leben verwandelte sich in einen Alptraum aus Klinikaufenthalten und der Verabreichung von Psychopharmaka.

Doch auch nachdem man mich insgesamt 27 Mal in die Psychiatrie eingewiesen hatte, glaubte ich fest daran, dass es andere Wege zur Wiedererlangung meiner geistigen Gesundheit geben musste. Ich besaß einen starken Glauben und war offen dafür, alternative Therapiemethoden auszuprobieren – und dann empfahl meine Freundin mir Louise L. Hay und ihr Buch *Gesundheit für Körper und Seele*.

Louises Lebensgeschichte berührte mich tief, und ihre Schilderung ihrer frühen Probleme und ihrer starken Selbstzweifel konnte ich sehr gut nachempfinden. Dass es ihr gelungen war, loszulassen und allen Menschen in ihrem Leben zu vergeben, verlieh mir den Mut, mich mit meiner Wut auf meinen Vater und viele andere Personen auseinanderzusetzen, von denen ich mir meine Macht hatte wegnehmen lassen. Ich lernte, dass Gewalt in der Kindheit oft aus Unwissenheit angewendet wird. Die Disziplin, die mein Vater auf diese Weise durchzusetzen versuchte, sollte bewirken, dass ich Selbstachtung lernte. Louise ermutigte mich dazu, mich selbst zu akzeptieren und Gott als eine liebevolle Gegenwart zu sehen, die mich so willkommen heißt, wie ich bin. Die Affirmationen aus ihrem Buch versetzten mich in die Lage, meine Gedanken zu transformieren und meinen Geist zu heilen.

Heute bin ich der lebende Beweis für die Konzepte, von denen Louise schreibt. Ich bin vollkommen geheilt, benötige keine Medikamente und lebe auf der schönen Insel Belize, wo ich jeden Tag Dinge tue, die ich liebe. Ich bin erfolgreich als bildender Künstler, Schriftsteller und Vortragsredner. Mit meinen Büchern und meinen Kunstwerken diene ich anderen Menschen. Ich vertraute auf Glauben, Gebet und harte Arbeit und hörte auf meine göttliche Führung. So konnten meine Engel zu mir gelangen und mich retten. Louise L. Hay ist einer dieser Engel.

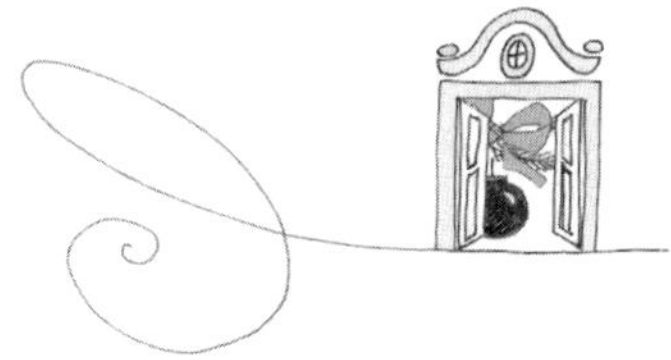

Doreen Virtue

Geschenk der Engel

Für Kate waren die Engel da, als sie sie am meisten brauchte. Und so erzählte sie mir ihre unglaubliche Geschichte.

ES WAR VOR EINIGEN JAHREN. Ich lag in der Notaufnahme mit der Diagnose Lungenentzündung. Man versorgte mich mit allen notwendigen Medikamenten und schickte mich dann mit der strikten Anweisung nach Hause, unbedingt Bettruhe zu halten und meine verschiedenen Medikamente zu nehmen. Als ich das Krankenhaus verließ, hatte ich das Gefühl, ich sollte lieber dort bleiben. Doch es gab keine freien Betten. Offensichtlich konnte ich aufgrund meines Alters und meines guten Allgemeinzustands mit einer entsprechenden Behandlung auch zu Hause schnell wieder gesund werden.

An jenem Abend hustete ich, wälzte mich im Bett hin und her und wurde vom Geräusch der Klimaanlage wach gehalten, bis ich schließlich in einen sehr tiefen Schlaf fiel. Um genau 3.33 Uhr wurde ich mit dem Gefühl wach, dass sich jemand in meinem Zimmer aufhielt. Zunächst dachte ich, jemand aus meiner Familie sei hereingekommen. Doch als ich mich im Bett umdrehte, begann mein Herz zu rasen. Im Raum befanden sich zwei sehr große Körper. Während ich versuchte, Genaueres zu erkennen, sagte mein Kopf immer wieder: *»Wie ist es nur möglich, dass etwas derart Großes in mein Schlafzimmer passt?«*

Die beiden Wesen gaben mir schnell ohne Worte zu verstehen, dass sie mich beschützten, während ich schlief. Ich wusste, dass sie Engel waren. Einer von ihnen war ein männlicher Engel von etwa drei Meter Größe. Doch wie passte ein drei Meter großes Wesen in mein Zimmer (das eine Deckenhöhe von 2,40 Meter hat)? Sein Gewand strahlte in einem wunderschönen Blaugrau, und er besaß ein liebevolles Gesicht, das heilsam auf mich wirkte. Der andere Engel war ganz weiß und wirkte weiblich. Er strahlte eine sanfte, wohltuende Energie aus und erinnerte mich an die Engel, über die ich als kleines Kind gelesen hatte: halb gefiederte, halb menschliche Wesen. Ich streckte die Hand aus, um sie zu berühren, doch da waren sie bereits verschwunden. Schließlich fiel ich wieder in einen unruhigen Schlaf.

Als ich am Morgen erwachte, war ich ganz aufgeregt über meinen »Traum« von den Engeln. Als meine Tochter und meine Enkelin in mein Zimmer kamen, um sich nach meinem Befinden zu erkundigen, erzählte ich ihnen von meinem himmlischen Besuch. Meine Tochter war alt genug, um skeptisch zu sein. Doch meine vier Jahre alte Enkelin war entzückt und ganz ergriffen von der Geschichte. Nachdem sich die Aufregung gelegt hatte, half mir meine Tochter aus dem Bett, um ins Bad zu gehen. In diesem Augenblick schrie meine Enkeltochter vor Begeisterung und Freude auf. Als ich mich vom Bett erhoben hatte, war nämlich eine etwa 15 Zentimeter lange weiße Feder zum Vorschein gekommen, die an meinem fiebrigen Bein klebte! Alle drei wussten wir nicht, was wir davon halten sollten. Ich war verwirrt, weil es in unserem Haus als Vorbeugungsmaßnahme gegen Allergien eigentlich überhaupt keine Produkte mit Federn gab. Meine Tochter war sprachlos. Meine Enkelin tanzte vor Freude, weil die Engel ein Geschenk hinterlassen hatten.

Sie sagte, dass mein Traum eigentlich kein richtiger Traum gewesen sei, weil Engel immer nachts zu den Menschen kommen. Natürlich waren es Engel gewesen! Vorsichtig löste ich die Feder von meinem Bein und legte sie auf den Hausaltar in meinem Schlafzimmer.

In der nächsten Nacht begann es mir schlechter statt besser zu gehen. Ich beschloss, den Arzt zu rufen, wenn ich mich nicht bald besser fühlte. Um 3.33 Uhr wurde ich wieder mit dem Gefühl wach, dass sich jemand in meinem Zimmer befand. Ich drehte mich im Bett um, und siehe da, da waren wieder die beiden Engel! Sie standen mir gegenüber, und als ich sie anschaute, fragte der männliche Engel, ob ich bereit sei, mit ihnen in den Himmel zu kommen. In vielerlei Hinsicht war ich überglücklich, dass sie zu mir sprachen und mich einluden, ihnen zu folgen.

Die Engel sagten, sie wären da, um mir bei meiner Entscheidung zu helfen, ob ich in meinem Körper weiterleben wollte oder nicht. Ich dachte an die Projekte, an denen ich arbeitete, und an all die unerledigten Dinge in meinem Leben. Nichts von all dem schien wichtiger, als mit den Engeln zu gehen. Die Liebe und die Zufriedenheit, die sie ausstrahlten, war so anziehend, dass ich mir mehr davon wünschte.

Doch plötzlich dachte ich an meine sieben Enkelkinder. Alle meine Freunde hatten gesagt, sie seien aus einem bestimmten Grund da, und ich könnte Teil dieses Grundes sein. Wenn ich in diesem Augenblick mit den Engeln ging, hätte ich keine Gelegenheit mehr, den Kindern Auf Wiedersehen zu sagen und einen letzten Kuss und eine letzte Umarmung zu erhalten. Ich sagte den Engeln also, dass ich noch eine Weile auf der Erde bleiben wollte.

Die Engel erwiderten, dass ich mich in diesem Falle unverzüglich in die Notaufnahme des Krankenhauses begeben müsse, denn dies sei die einzige Möglichkeit, am Leben zu bleiben. Dann verschwanden sie so plötzlich, wie sie gekommen waren.

So schnell es ging, brachte mich meine älteste Tochter ins Krankenhaus, und wie sich herausstellte, war die Lungenentzündung viel schlimmer geworden. Die Ärzte erklärten, ich sei gerade noch rechtzeitig in die Klinik gekommen. Am nächsten Morgen um 3.33 Uhr wachte ich auf mit der Hoffnung, meine Engel zu erblicken, doch sie waren nicht da. Ich fragte mich, ob die Tatsache, dass ich ins Krankenhaus gegangen war, sie verwirrt hatte. Ich war sehr traurig bei der Vorstellung, sie vielleicht nicht mehr wiederzusehen, und überlegte, wie ich sie zu mir zurückholen könnte. Ich stellte fest, dass ich ihnen mehr Fragen hätte stellen sollen. Ich fürchtete, ich hätte eine Gelegenheit verpasst, und überdachte noch einmal meine Entscheidung, nicht mit ihnen zu gehen. Ich weinte und fühlte mich, als betrauerte ich gute alte Freunde.

Meine Tochter und meine Enkelin besuchten mich später am selben Morgen. Ich hatte nichts mehr über die Engel erzählt seit jenem Morgen, an dem wir die Feder fanden. Ich war zu schwach und konzentrierte meine Kraft darauf, dass es mir besser ging. Meine Tochter hatte selbst genug um die Ohren, und ich wollte sie nicht belasten oder beunruhigen. Doch als wir über meine Krankenhauserfahrung sprachen, erinnerte sich meine Tochter an etwas, das am frühen Morgen geschehen war. Sie erzählte, sie sei um 3.33 Uhr wach geworden und habe in Bezug auf eine wichtige Entscheidung, die sie treffen wollte, eine klare Erkenntnis gewonnen. Sie war ganz verblüfft, weil ihr diese mitten im tiefsten Schlaf gekommen war. Ihr Geist war jetzt ganz klar – nach vielen Monaten inneren Konflikts wusste sie endlich, was sie tun wollte.

Ich lächelte. Meine Engel waren also doch nicht verschwunden. Sie waren immer noch bei mir und meinen Lieben. Bis heute halte ich die Feder, das Geschenk der Engel, in Ehren.

Quellennachweis

Louise L. Hay

»Wie ich mir eine wunderbare neue berufliche Aufgabe erschuf«, »Der richtige Tipp«, »Ein Wunder am Arbeitsplatz«, »Die Kinder, die auf mich warteten«, »Die Saat ausbringen«, »Eine Wiedergeburt«, »Der Ruf meiner Seele«, »Wie ich meine Kraft zurückgewann« aus Louise L. Hay: *... und plötzlich war alles anders* (Modern Day Miracles), Übersetzung Thomas Görden, © 2010 Hay Foundation © 2011 Ullstein Buchverlage GmbH, Berlin.

»Das Wunder der Vergebung«, »Die Wahl zwischen Liebe und Angst« aus Louise L. Hay: *Finde Deine Lebenskraft* (Experience Your Good Now), Übersetzung Thomas Görden, © 2010 Louise L. Hay © 2010 Ullstein Buchverlage GmbH, Berlin.

»Selbstliebe«, »Man kann seine Gedanken nur verändern, wenn man weiß, was man denkt« aus Louise L. Hay: YOU CAN HEAL YOUR LIFE – *Das Buch zum Film*, Übersetzung Thomas Görden, © 2007 Louise L. Hay © 2009 Ullstein Buchverlage GmbH, Berlin.

Doreen Virtue

»Heilende Kekse« aus Doreen Virtue: *Marie – Königin der Engel (Mary, Queen of Angels)*, Übersetzung Angelika Hansen, © 2012 Doreen Virtue © 2012 Ullstein Buchverlage GmbH, Berlin.

»Erzengel Michael«, »Flugangst«, »Das Haus« aus Doreen Virtue: *Erzengel Michael (Archangel Michael)* Übersetzung Angelika Hansen, © 2008 Doreen Virtue © 2009 Ullstein Buchverlage GmbH, Berlin.

»Das Einhorn«, »Von Feen, Fröschen und Libellen« aus Doreen Virtue: *Die Heilkraft der Feen* (*Healing with the Fairies*) Übersetzung Angelika Hansen, © 2001 Doreen Virtue © 2004 Ullstein Buchverlage GmbH, Berlin.

»Führung der Engel«, »Engel des Herzens«, »Geschenk der Engel«, Rettung duch einen Traum« aus Doreen Virtue: *Engelgespräche* (*Angel Visions*), Übersetzung Karin Adrian, © 2000 Doreen Virtue © 2004 Ullstein Buchverlage GmbH, Berlin.

Allegria ist ein Verlag der Ullstein Buchverlage GmbH

ISBN: 978-3-7934-2261-7

FSC
www.fsc.org
MIX
Papier aus verantwortungsvollen Quellen
FSC® C083411

Übersetzung: Angelika Hansen, Karin Adrian,
Thomas Görden
Umschlaggestaltung: Manuela Hutschenreiter
Umschlagillustration: X-Design,
Manuela Hutschenreiter, München
Innenillustrationen © Daphne Patellis
Satz: Keller & Keller GbR
Gesetzt aus der Berkeley Oldstyle
Druck und Bindearbeiten:
CPI books GmbH, Leck
Printed in Germany

Allegria

»Alles ist gut!« Affirmationen, Intuition und medizinisches Wissen

LOUISE L. HAY
MONA LISA SCHULZ
Gesund Sein
Das neue Programm
zur Selbstheilung
336 Seiten
€ [D] 18,00 / € [A] 18,50
sFr 24,90
ISBN 978-3-7934-2255-6

Hier ergänzen sich zwei Heilsysteme zu einem neuen Handbuch der Selbstheilung. Louise L. Hay vermittelt dem Leser neue Gedankenmuster sowie neue Affirmationen, die sich speziell mit emotionalen Konflikten und Krankheiten befassen. Mona Lisa Schulz, die viele Jahre als Ärztin arbeitete, hilft dem Leser, auf die eigene, innere Stimme des Körpers zu hören und zeigt medizinische Lösungen auf.